KAKÁ DINIZ

RECALCULE SUA ROTA

CARO(A) LEITOR(A),
Queremos saber sua opinião sobre nossos livros. Após a leitura, siga-nos no **linkedin.com/company/editora-gente**, no TikTok **@editoragente** e no Instagram **@editoragente**, e visite-nos no site **www.editoragente.com.br**.
Cadastre-se e contribua com sugestões, críticas ou elogios.

KAKÁ DINIZ

RECALCULE SUA ROTA

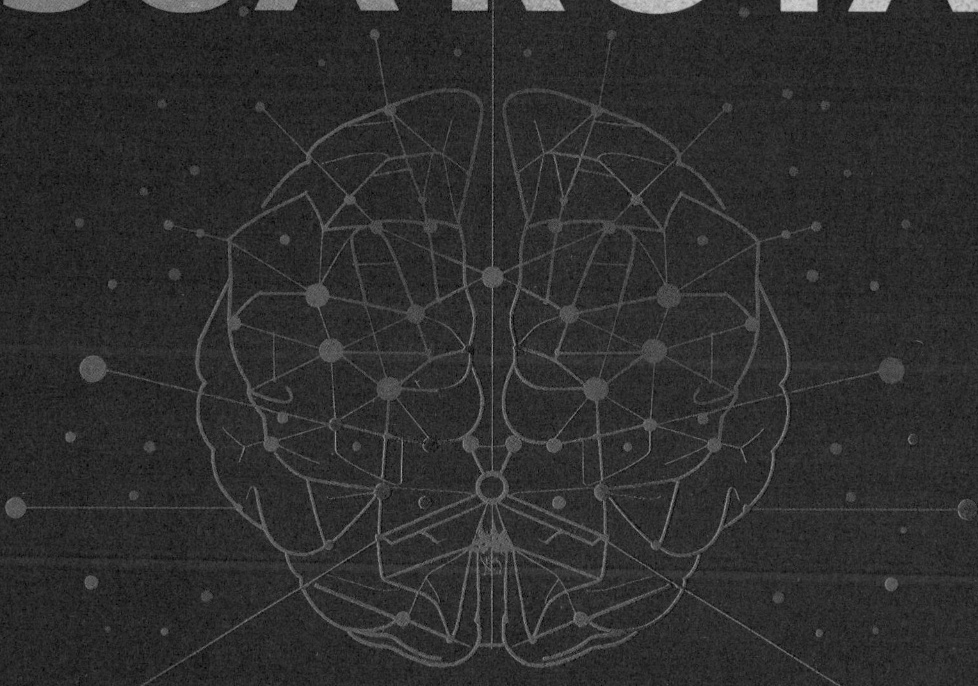

Recupere o controle da sua vida, restabeleça seu tempo e redefina suas prioridades

Gente editora

Diretora
Rosely Boschini
Diretora Editorial
Joyce Moysés
Editora
Rafaella Carrilho
Assistente Editorial
Mariá Moritz Tomazoni
Produção Gráfica
Leandro Kulaif
Preparação
Algo Novo Editorial
Capa
Miriam Lerner
Projeto Gráfico
Márcia Matos
Plinio Ricca
Diagramação
Plinio Ricca
Revisão
Thiago Fraga
João Rodrigues
Impressão
Edições Loyola

R. Dep. Lacerda Franco, 300 – Pinheiros
São Paulo, SP – CEP 05418-000
Telefone: (11) 3670-2500
Site: www.editoragente.com.br
E-mail: gente@editoragente.com.br

Dados Internacionais de Catalogação na Publicação (CIP)
Angélica Ilacqua CRB-8/7057

Diniz, Kaká
Recalcule sua rota : recupere o controle da sua vida, restabeleça seu tempo e redefina suas prioridades / Kaká Diniz. - São Paulo : Editora Gente, 2025.
160 p.

ISBN 978-65-5544-563-3

1. Desenvolvimento pessoal I. Título

25-1936 CDD 158.1

Índices para catálogo sistemático:
1. Desenvolvimento pessoal

NOTA DA PUBLISHER

Todos os dias vemos pessoas sobrecarregadas, sem tempo de qualidade para a família, exaustas emocionalmente e, mesmo assim, se perguntando por que seus resultados não chegam. Foi justamente por tocar com precisão nessa ferida contemporânea que o projeto de Kaká Diniz me conquistou desde o primeiro contato.

Kaká é um empresário brilhante, à frente da Non Stop, um dos maiores grupos de marketing de influência do país, que ao longo da vida recalculou a própria rota inúmeras vezes. Mas, além dos resultados incríveis nos negócios, ele também construiu uma vida familiar inspiradora. Ao lado de Simone Mendes, sua família se tornou uma grande referência em harmonia e espiritualidade.

Tenho uma profunda admiração pela maneira como Kaká trilhou o próprio caminho guiado por propósito, disciplina e fé. Agora, em *Recalcule sua rota*, ele nos conduz a uma jornada de reencontro com o que realmente importa: nossos valores, nossa família, nossa fé, nossa saúde e nossos sonhos.

Você encontrará, ao longo das páginas, um convite definitivo à ação. Vai entender por que o desequilíbrio de prioridades compromete todos os campos da vida e como fazer, finalmente, as pazes com o próprio tempo. Vai descobrir que sucesso sem saúde, família e propósito é só uma ilusão bem embalada.

A leitura deste livro é para quem quer sair do piloto automático e retomar o controle da própria trajetória. Para quem está cansado de "fazer muito e ver pouco" e busca a prosperidade de verdade, que o permite conquistar sem abrir mão do equilíbrio.

Minha sugestão? Leia com um caderno ao lado. Marque, anote, sublinhe. Este não é um livro para ser lido e esquecido, é para ser vivido.

Aceite este convite e venha com Kaká Diniz recalcular sua rota. A mudança que você deseja começa agora.

ROSELY BOSCHINI
CEO e Publisher da Editora Gente

Dedico este livro primeiramente a Deus, pois minha vida só faz sentido pela permissão dEle, pois a Ele é toda honra e toda glória.
Dedico-o também a minha esposa, Simone, e a meus filhos, Henry e Zaya.
Sem vocês eu não seria absolutamente nada.
E a todos aqueles que acreditam e também aos que desacreditaram na minha história, pois cada um, com suas lições, faz parte do que me tornei.

AGRADECIMENTOS

Nenhum caminho de verdade se faz sozinho. Cada passo meu carrega a marca de quem caminhou comigo, acreditou em mim e, muitas vezes, me ajudou a recalcular a rota quando eu mesmo já não sabia mais onde estava.

À minha esposa, Simone: amor da minha vida, companheira de jornada, mulher de fé e força. Você me inspira a ser melhor todos os dias. Obrigado por me lembrar que o sucesso verdadeiro começa dentro de casa.

Aos meus filhos, Henry e Zaya. Vocês são a razão do meu esforço, a promessa viva de um futuro que vale a pena construir. Cada sorriso de vocês é combustível para eu seguir em frente mesmo nos dias mais difíceis. Que este livro seja uma herança de valores, e não apenas de palavras.

Ao meu pai, Mota Diniz, e à minha mãe, Diana, minha origem, meu alicerce. Muito do que eu sou hoje veio do que aprendi com o exemplo de vocês – de trabalho, de princípios, de fé. Sem suas raízes, eu não teria encontrado minhas asas.

À minha irmã, Ana Paula, e ao meu irmão, Mota Filho, meu sangue, minha história. Em cada curva da vida, eu sei que vocês sempre estiveram comigo – nas conquistas e nos silêncios.

Agradeço também a cada pessoa que cruzou meu caminho: os que me aplaudiram e os que me feriram; os que estenderam a mão e os que me ensinaram, com a ausência, a me levantar sozinho. Todos, sem exceção, me ajudaram a recalcular minha rota e me conduziram até aqui. Este livro é um reflexo das rotas que precisei corrigir, das dores que precisei ressignificar e da fé que nunca deixei morrer. Se ele tocar uma vida, já terá valido a pena.

Gratidão por cada presença, cada lição, cada recomeço.

SUMÁRIO

INTRODUÇÃO 13

CAPÍTULO 1
NÃO FALTA TEMPO, FALTA PRIORIDADE 20

CAPÍTULO 2
QUAL É SUA PRIORIDADE HOJE? 34

CAPÍTULO 3
PERMITA-SE (RE)EQUILIBRAR SUA VIDA 50

CAPÍTULO 4
FORTALECIMENTO PESSOAL 62

CAPÍTULO 5
FORTALECIMENTO DA FAMÍLIA, DO AMBIENTE E DAS CONEXÕES 84

CAPÍTULO 6
FORTALECIMENTO DOS NEGÓCIOS E CRIAÇÃO DE RIQUEZA 108

CAPÍTULO 7
FORTALECIMENTO DA ESPIRITUALIDADE E CONEXÃO COM DEUS 130

CAPÍTULO 8
SIGA SEU NOVO CAMINHO, COM SUCESSO 146

CONCLUSÃO 155

INTRODUÇÃO

Eu quero que você preste bastante atenção em tudo o que vou partilhar aqui, porque será transformador. Já pensou em quantas mudanças você será capaz de fazer só por entender que o controle da sua vida está nas suas mãos? E que o que falta não é tempo para conquistar seus sonhos, mas sim saber *o que*, *como*, *quando* e *para que* priorizar? O tempo é seu ativo mais precioso. Não o dinheiro. O que você tem de mais valoroso é justamente aquilo que não se compra – e que está cada vez mais raro: princípios, uma família amorosa, amigos que queiram seu bem, saúde e cabeça boa.

Eu quero tocar nessa dor.

Posso ter uma casa maravilhosa, com um carro de luxo na garagem. Posso proporcionar viagens e mesa farta para minha família. Posso usar relógio de grife e o que mais quiser. Mas... se não consigo resgatar a gargalhada que eu dava quando não tinha esses confortos, preciso recalcular a rota. Por isso, começo este livro com vários insights, para que você perceba quanto desequilíbrio existe em áreas fundamentais da sua vida, enquanto perde tempo olhando para o que não importa, se distraindo com aparências ou se agarrando ao passado.

Você pode estar igual a muita gente que acha que caminha para a frente. Só que roda em círculos ou, então, anda para trás, sem ao menos ter consciência de que você é o verdadeiro causador desse desequilíbrio que atrasa seu progresso.

Muitos insistem em apostar todas as fichas em uma área, como trabalho ou vida social, deixando que o restante se torne um caos e achando que, lá na frente, tudo vai ficar bem. Há quem tenha a ilusão de que, se não der tanta atenção a eles, os problemas familiares vão se resolver sozinhos; e não é assim que funciona. Ignorá-los apenas os transforma em uma bola de neve, e chega uma hora em que outras áreas – como a amorosa e a financeira – são impactadas negativamente, abalando a saúde física, a saúde mental e a fé.

Amigo, amiga, a gente acha que tem fé em Deus. Mas o que vou falar pode ser chocante: na verdade, Deus é quem tem fé em você. Ele olha nos seus olhos, quando você acorda de manhã, e diz assim: "Ó, estou dando mais uma chance para você evoluir, ser alguém na vida, então vá lá e recalcule sua rota". No dia em que ele não acreditar mais na sua capacidade de recalcular a rota, você nem vai acordar, acredite. Então, quando abrir os olhos pela manhã, agradeça a Deus por proporcionar essa nova oportunidade de transformar sua vida e de aprender de uma vez por todas a priorizar o que importa. O controle dos seus pensamentos está em suas mãos. Sua mente é a central de controle da sua realidade. Aquilo que você pensa, acontece.

Como todo ser humano, desde criança nós arrastamos vários pensamentos e comportamentos desfavoráveis a nós mesmos por causa de crenças limitantes impostas pela nossa criação. Eu mesmo fui um menino que apanhou muito na infância para aprender o que *não* fazer. O "não" é educador. É uma palavra tão pequena, que parece insignificante, mas tem o poder de libertar. Só que não ensina *o que fazer*. Você já percebeu que, assim como aconteceu com a gente, nós não treinamos nossos filhos para serem adultos bem-sucedidos?

MAS O QUE É SER BEM-SUCEDIDO?

Prometo responder a essa pergunta nas próximas páginas, mas adianto que não é contar em um palco ou em um livro a respeito dos milhões acumulados. Menos ainda ficar arrotando para todo mundo, o tempo todo, os milhões de faturamento do seu negócio. É claro que me orgulho da carreira de empresário que estou construindo e dos negócios que lidero – como a Non Stop, a maior agência de marketing de influência do Brasil; o nosso criatório de cavalos quarto de milha, uma das nossas grandes paixões e um dos nossos maiores *cases* de negócios; e o sucesso na construção de casas de alto padrão. Porém, eu já me vi nessa vida sem um centavo no bolso e, independentemente disso, feliz; assim como tive momentos de infelicidade, mesmo com dinheiro jorrando na conta bancária.

Vejo gente que é mestre em corromper princípios, que deveriam ser intocáveis, em busca de sucesso fácil, rápido. Aí, o que acontece? A ganância fala mais alto. Começa a atropelar tudo o que for possível, desequilibrando várias áreas da vida; e você paga um preço por isso. Portanto, se não está a fim de mudar a sua realidade e a da sua família, se pensa que já está tudo certo com seus negócios e que não precisa crescer, não faça nada. Só feche este livro – está tudo certo.

Agora, se você sente que trabalha demais e que não tem resultados consistentes, sente que falta tempo de qualidade com a família, sente que precisa afastar os "amigos da onça" para atrair aqueles que são boas influências... Se quer prosperar com equilíbrio, fique aqui para iniciar uma jornada completamente diferente, bem mais feliz.

Nossos resultados dependem muito daquilo que executamos, e não do que os outros fazem por nós.

Nas próximas páginas, entenderemos quais são os danos dessa escassez profunda de tempo e atenção que impera na maioria das casas e cabeças. E eu vou pedir a você coragem para responder com honestidade qual é sua prioridade, hoje, em oito áreas fundamentais da vida. Preparei uma dinâmica inspirada na Roda da Vida, que o ajudará a enxergar se há um desequilíbrio no seu caso e qual é a dimensão dele.

Em seguida, apresentarei o programa Recalcule Sua Rota (RSR), criado para que você recupere o controle da própria vida, reorganizando seu tempo e sua atenção para fortalecer três grandes prioridades:

1. **Você mesmo**, e isso inclui cuidar do emocional, desenvolver autoliderança, conquistar saúde, bem-estar e um propósito de vida que encha seu coração de alegria.
2. **Seu ambiente e suas conexões**, incluindo o casamento, a construção de uma família, o elo com filhos e demais relacionamentos significativos.
3. **Seus negócios**, para que sejam prósperos, com criação de riqueza e mentalidade de abundância, para você e quem mais estiver batalhando a seu lado.

Quero ressaltar que esse tripé de prioridades só se sustenta pela espiritualidade e conexão profunda com Deus. É uma força orientadora que influencia todas as outras áreas da vida, se assim você permitir. Manter uma ligação espiritual protetora traz equilíbrio e paz em tempos de crises e instabilidades, sejam internas ou externas.

E há mais benefícios que abordarei adiante. Quem já me conhece sabe que a espiritualidade está na base da transformação que fiz na minha vida, aos 27 anos.

Tudo mudou no dia em que eu decidi aceitar Jesus, e nosso Pai misericordioso me conectou a uma mulher fantástica que está casada comigo há mais de uma década e me deu dois filhos, que são nossa maior riqueza. Tudo mudou quando Deus pegou uma cantora de um mercado contra o qual eu tinha preconceito – por fazer parte do lado obscuro dele (farras, noitadas, mulheres, bebidas) – e esfregou esse preconceito na minha cara. Simone Mendes trabalha no mundo, mas não pertence ao mundo. Em cima de um palco cantando e encantando multidões, é a maior cantora do Brasil. E, quando chega em casa, é a melhor esposa, mãe, companheira, amiga, guerreira.

Simone já morou em barraca de lona sustentada por pedaços de madeira e dormiu em cama feita de palha, em um lugar do Mato Grosso do Sul chamado Garimpo do Arroz. Eu sofri dois abusos ainda criança, com 5 e 8 anos, além de rejeições de pessoas próximas e desconhecidas. Meu primeiro emprego foi de instalador de película automotiva. Depois, vendia estopa para oficinas mecânicas no sertão do Ceará. Fui vendedor de detergente e água sanitária, além de frentista ambulante. Quebrei os dois negócios. Quase morri várias vezes na minha época de solteiro, devido às loucuras da vida. Até que recalculei minha rota.

Eu me casei com 27 anos, fui pai aos 28 e prosperei aos 30, equilibrando de maneira estratégica e intencional o que realmente importa.

Nossa conversa está só começando, e abordarei esses e outros temas relacionados ao longo dos capítulos, junto de ferramentas práticas para você exercitar sua mudança. Muitas pessoas que assistem às minhas palestras e participam das mentorias já seguiram por esse caminho e vêm semeando uma vida de sucesso e plenitude.

Não espere pelas condições perfeitas para absorver todo esse conteúdo e implementar as ações necessárias. Lembre-se: a maior parte dos planos de ação falha devido à falta de execução.

Quer começar a recalcular sua rota hoje mesmo? Então, "cai pra dentro". Se estiver mesmo decidido a mudar ("sim, Kaká, eu não suporto mais repetir tudo o que vivi no último ano/até hoje"), você está no ambiente certo. Hoje é o dia certo, com a pessoa certa, para aprender a escalar seus resultados com uma mentalidade diferente, para que viva o sobrenatural – entendendo que não veio à Terra para viver de maneira escassa, aperreada ou solitária, trabalhando igual a um escravizado para pagar boletos, sentindo-se aprisionado a coisas e pessoas que só fazem mal.

O que mais escuto é: "Ah, Kaká, Deus escolhe uns e outros, não", e aviso logo que não adianta ficar colocando na conta de Deus aquilo que é responsabilidade de cada um. Ele não tem obrigação nenhuma de fazer sua vida acontecer; tem, sim, a providência. É como se desse um par de tênis para cada participante da maratona e ficasse na linha de chegada, pronto para entregar a medalha a quem se dispôs a correr.

O que você está fazendo é adquirir conhecimento para avançar na vida com mais visão, estratégia, propósito, energia, sem desperdiçar nem mais um minuto. Por isso, eu digo: as pessoas podem falar o que quiserem das suas escolhas, mas elas não conseguem negar seus resultados. Resultados esses que serão cada vez melhores e constantes com o programa RSR. A partir de agora, ele também é seu. E por quê? Porque o controle da sua vida está em suas mãos.

Então, *bora*! Deus abençoe seus passos! Vamos juntos!

O TEMPO É SEU
ATIVO MAIS
PRECIOSO.
NÃO O DINHEIRO.

RECALCULE SUA ROTA
@KAKADINIZ

CAPÍTULO 1

NÃO FALTA TEMPO, FALTA PRIORIDADE

Você é como muitos que só ficam repetindo que o tempo está passando rápido demais, e que por isso não conseguem fazer metade do que gostariam? Realmente, a vida é um sopro, mas todo mundo tem as mesmas 24 horas diárias. Na verdade, somos nós que estamos acelerando tudo o que podemos. Vivemos na geração que consome, por exemplo, vídeos, podcasts e audiolivros em velocidade dobrada.

O tempo não para. Nenhum dia deixa de virar noite, e vice-versa. É você quem para no tempo quando deixa de usufruir o presente, botando a cabeça no passado ou no futuro, ou sei lá onde. É você quem para no tempo quando deixa de falar "eu te amo" e "obrigado", quando não dá importância às pessoas e às ações que verdadeiramente contam na sua vida. O tempo virou o grande vilão da história, a desculpa perfeita para não dar atenção a filhos, pais, irmãos, amigos, equipe de trabalho... Nem mesmo aos próprios sonhos.

Meu amigo, minha amiga, no instante em que se começa a trocar o que é prioridade por aquilo que não é sincero e que não agrega à vida, infelizmente você para no tempo. Pense no último ano: quantas vezes decidiu fazer coisas triviais no lugar das que trarão crescimento e outros benefícios para você e para as pessoas ao seu redor?

Você para no tempo quando acelera, acelera, mas continua no mesmo lugar, com a sensação de que nada mudou. E tem razão. Nada vai mudar enquanto você não decidir fazer diferente.

Você deve concordar comigo que lidar de maneira inteligente com o tempo é um conflito atual, em especial porque vivemos em uma sociedade que pressiona as pessoas a terem sucesso sobretudo nos negócios, sacrificando todo o resto. O ritmo acelerado de vida e as exigências do cotidiano fazem com que muita gente se sinta sobrecarregada, com a sensação de carregar um peso nos ombros, sem conseguir distribuir a atenção para várias áreas que trariam felicidade genuína, e não só para exibir nas redes sociais.

Esse desequilíbrio acarreta crises de identidade e familiares, problemas financeiros diversos, solidão e vazio enormes, casamentos falidos, além de problemas precoces de saúde.

As pessoas acordam atrasadas correndo atrás de uma pilha de tarefas, muitas vezes se perguntando qual é o propósito de tudo isso. No trabalho, sentem-se presas em uma rotina repetitiva, sem perspectiva de crescimento. Em casa, o clima familiar é tenso, com pouco tempo de qualidade com os entes queridos. A saúde física e mental é frequentemente negligenciada com hábitos ruins, como engolir lanche frio fora de hora e preguiça de fazer atividades físicas.

Viver com ansiedade, cansaço, nervos à flor da pele e insônia provoca grandes impactos na saúde e no cérebro, minando também outras áreas – pesquisas mostram que cerca de 90% das pessoas sofrem com estresse significativo.[1] A taxa de divórcios deu um salto nos últimos anos,[2] refletindo a dificuldade de entendimento entre os casais. De cada dez famílias brasileiras, pelo menos sete estão endividadas.[3] Para não me estender em números, vou dar só mais

---

1 ENTENDA os sinais de alerta do estresse, que atinge 90% da população mundial. **Portal CNN Brasil,** 12 set. 2023. Disponível em: www.cnnbrasil.com.br/saude/entenda-os-sinais-de-alerta-do-estresse-que-atinge-90-da-populacao-mundial. Acesso em: 30 jan. 2025.

2 MARTINS, A. Número de divórcios no Brasil bate recorde e chega a 420 mil, mostra IBGE. **Exame**, 4 jun. 2024. Disponível em: https://exame.com/brasil/numero-de-divorcios-no-brasil-bate-recorde-e-chega-a-420-mil. Acesso em: 30 jan. 2025.

3 ENDIVIDAMENTO das famílias brasileiras: panorama e desafios. **Portal FecomercioSP,** 3 dez. 2024. Disponível em: www.fecomercio.com.br/noticia/endividamento-das-familias-brasileiras-panorama-e-desafios. Acesso em: 30 jan. 2025.

este dado: em uma análise comportamental na América Latina,[4] o Brasil ficou entre os quatro primeiros países cujos trabalhadores mais sentem tristeza e raiva.

EM BUSCA DE UM SALVADOR DA PÁTRIA

Na minha visão, tudo isso poderia ser muito diferente se não houvesse um desequilíbrio tão grande na distribuição de tempo e atenção para todas essas áreas importantes da vida. Tempo existe, só falta saber qual prioridade dar a cada coisa. Por exemplo: quantas vezes a pessoa está trabalhando no piloto automático, com a cabeça nos problemas que deixou em casa? Só que, quando está com os filhos, não larga o celular enquanto resolve questões (urgentes?!) da empresa.

O que mais vejo é uma prisão coletiva ao tempo, que parece insuficiente para uma parcela crescente de pessoas. Até quando? Nesse mundo acelerado em que vivemos, sonhos e afetos são deixados de lado com o argumento de que está difícil sobreviver... No entanto, o maior valor está naquilo que, quando você perde, não consegue mais resgatar. Não me canso de dizer isso, embora "leia" no rosto de muitos o seguinte pensamento: *Ah, Kaká, você fala isso porque tem muito dinheiro!*

Quando a pessoa não tem dinheiro, acha que precisa dele para resolver todos os problemas, inclusive para ser amado; e aí vem a grande frustração. É como um salvador da pátria. Quando tem, percebe que é muito bom, mas não preenche o vazio existente dentro de si, que só aumenta. E não adianta sair comprando

4 BRASIL é o 4º país com trabalhadores mais tristes e com raiva na América Latina, diz estudo. **Portal Estadão**, 25 set. 2024. Disponível em: www.estadao.com.br/economia/sua-carreira/trabalhadores-tristes-raiva-estresse-pesquisa-gallup-state-of-the-global-workplace-2024-nprei/. Acesso em: 30 jan. 2025.

isso, aquilo e mais tal coisa, consumindo sem freio. Fazer isso é buscar realização pessoal da maneira errada.

"Nunca ninguém enriqueceu com dinheiro", já dizia Sêneca. Esse filósofo estoico que eu adoro acreditava que a vida é curta e mal aproveitada, e que o tempo é um recurso inestimável que desperdiçamos. O estoicismo alerta que a gente só sabe quão desnecessária é uma coisa até não precisar mais dela – e o dinheiro é uma dessas coisas. Quem diz que dinheiro resolve todos os problemas é porque ainda não teve acesso a ele. É necessário? Sim. Traz facilidades? Claro. Proporciona diversos momentos felizes? Uhum. Só não garante, por si só, a felicidade genuína.

Eu estou com minha esposa dentro de casa, no auge da carreira dela, e tem dias que a Simone acorda triste. Há um quadro na nossa parede que mostra uma máscara feliz com um artista chorando por trás. No palco, ela canta transmitindo felicidade aos fãs. Ninguém sabe, nos bastidores, o que se passa no íntimo dela. É um ser humano, como todo mundo. Eu já vivi nas duas pontas: sem nada e bem de vida financeiramente. Então, eu sei que o dinheiro não resolve tudo, diferente do que costumam pensar.

Até nisso precisa existir um equilíbrio. Tem gente que mora em uma casa bem montada – isso dinheiro compra –, mas não se sente feliz, pois não tem um lar de verdade – que o dinheiro não compra. Que se deita em um colchão caríssimo, em um quarto climatizado, sem conseguir ter um sono reparador. Dinheiro compra o anel mais caro do mundo, a joia mais cobiçada, mas não compra uma aliança verdadeira entre duas pessoas. Compra-se amor? Não o verdadeiro, que é uma decisão renovada diariamente. Eu decido ser um marido e um pai que prioriza esses papéis todos os dias.

NADA VAI MUDAR
ENQUANTO VOCÊ
NÃO DECIDIR FAZER
DIFERENTE.

RECALCULE SUA ROTA
@KAKADINIZ

Na escola estoica, além de Sêneca, há mais dois representantes famosos: Epiteto, que conseguiu se libertar da escravidão pelo caminho do conhecimento, e o imperador romano Marco Aurélio. A tríade defendia que se descobre a felicidade e o autoconhecimento dentro de si, não fora. Epiteto me ensina muito. Uma de suas frases mais emblemáticas é: "Doente e ainda assim feliz; em perigo e ainda assim feliz; morrendo e ainda assim feliz; no exílio e ainda assim feliz; na desgraça e feliz".

Você deve estar se perguntando: "Como alguém passando fome, mutilado ou dentro de uma prisão pode estar feliz?". Eu respondo: é porque a maior prisão não está fora. Nelson Mandela foi trancado em uma cela por anos até se tornar presidente, mas nunca esteve preso emocionalmente.

Tem gente bem-sucedida financeiramente que vive aprisionada em uma frustração imensa, pela falta de uma família amorosa. Essas pessoas aparentam ser fortes – só falta a capa de super-herói –, mas por dentro vivem fragilizadas, cheias de medos e reféns das opiniões alheias. Nem sempre elas têm culpa disso, pois muitas de suas crenças equivocadas sobre sucesso e prosperidade foram adquiridas ao longo da própria criação. É por isso que eu chamo tanto a atenção para a maneira como estamos criando nossos filhos. Se não transmitirmos valores e princípios, a tendência é que eles herdem uma vida desequilibrada também.

O QUE, PARA QUE E *COMO* VOCÊ QUER FAZER?

Nas minhas mentorias, eu toco exatamente na dor de não conseguir estabelecer prioridades na vida, dando a devida atenção às áreas que mais importam – e a financeira é uma delas, só não substitui as outras. Proponho um exercício inicial porque sei que muita gente não sabe "o que" decidir no tempo que tem nem "para que" fazer determinadas escolhas. Eu digo que essas duas descobertas tornarão o "como" bem mais fácil de ser alcançado, impedindo que as pessoas sejam levadas por caminhos infrutíferos.

Como reflexão inicial, convido você a se perguntar:

- **O que** eu quero fazer? Qual é minha meta, meu foco no momento?

- **Para quê?** Qual é o meu objetivo com isso?

- **Como** espero atingir o resultado que desejo/de que preciso?

____

____

____

____

____

____

____

____

Agora releia o que escreveu com o pensamento de que merece ter prosperidade (não só a financeira) e incremente suas respostas.

Na caixa de perguntas da minha página no Instagram, me mandam muito: "Kaká, por que eu não estou próspero?". Provavelmente, essas pessoas não se sentem merecedoras e precisam urgentemente começar a pensar que são. A vida acontece de acordo com o que pensamos. Sucesso está disponível para quem também está disponível para ele. Eu vivenciei isso.

Quando morava em Sobral, no Ceará, e falava dos meus sonhos, o pessoal ria de mim. Eles sabiam que o começo da minha vida não tinha sido fácil. Sou fruto de uma gravidez indesejada da minha mãe. Só mais recentemente, no meu aniversário, entre um abraço amoroso e outro, ela me contou que chegou a pensar em me abortar, acredita?

Mas Deus tocou o coração dela para que não fizesse isso, e me deu a mãe mais incrível deste mundo. Te amo, mãezinha, obrigado por não desistir de mim!

Aos olhos do mundo, eu era improvável. Aos olhos de Deus, eu era alguém mais que provável. Então, se estou hoje partilhando conhecimento, é por um milagre. Não é pela vontade do mundo, mas pela vontade de Deus. Eu estou vivo e atuante na minha família e na sociedade porque estou debaixo de uma Palavra. E, quando comecei a contar meus sonhos para os outros, eu esperava algum incentivo – que não veio. É assim com quase todo mundo.

As pessoas também vão duvidar quando você encher o peito e falar: "Meu projeto de vida é esse". Primeiro, vão rir da sua audácia. Depois, quando você começar a se mexer, der um passo importante e vir algum resultado, ainda assim terá sua vitória ignorada. Só que aí, meu amigo, minha amiga, quando o projeto der certo, essas mesmas pessoas vão chegar e declarar: "Eu sempre acreditei que ia dar certo". Não é assim que acontece na maioria dos casos?

Eu tinha uma professora, a tia Adelaide,[5] que dava aulas de reforço de Português, à tarde, na casa dela. Eu estava nessa turminha, só que desde pequeno eu era muito traquina, agitado, conversador... Provavelmente por ter um nível de déficit de atenção (TDA), eu era mais alterado que os outros. Pensava em muita coisa ao mesmo tempo e quase nunca ficava calado, então acabava atrapalhando os outros alunos.

Um dia, a tia Adelaide se aproximou de mim e disse:

— Kaká, avise sua mãe que não vai ter mais aula de reforço. Meu marido está incomodado com muita gente aqui todos os dias, então vou dispensar todos os alunos. Acabou, tá bom?

Fui para casa e transmiti o recado à minha mãe, além de dizer que ela precisava encontrar outra professora para me dar o reforço. Só que eu havia esquecido um livro escolar na casa da tia Adelaide. Voltei lá na tarde seguinte e encontrei toda a turma tendo a aula,

---

5 Nome fictício para preservar a identidade da pessoa em uma história verídica.

menos eu. Ou seja, a tia Adelaide não havia acabado com as aulas. Ela só não me queria lá.

E sabe o que foi mais "engraçado"? Em 2023, nós nos encontramos em Sobral, e ela me disse:

— Kaká, seus olhos tinham um brilho diferente. Eu sabia que aquela sua inquietação iria transformá-lo em uma pessoa bem-sucedida!

Pois é, as mesmas pessoas que no começo desacreditam do seu poder pessoal, quando não puderem negar seus resultados, vão passar a concordar com você. Por isso é tão importante adquirir conhecimento e buscar sempre o próprio crescimento, começando pela mentalidade, pois tudo começa dentro da sua cabeça. Sua mentalidade o leva para onde você quiser. Não existe um sonho que não possa ser alcançado. Nenhum.

UMA DECISÃO, E TUDO MUDA

Tudo fica diferente quando você decide mudar sua realidade, e isso está a um passo. Mas você precisa tomar essa decisão, porque amanhã pode ser tarde demais. Converso com pessoas que se arrependem por não terem pedido perdão ao filho (ou ao pai) quando podiam, porque essa pessoa já não está mais aqui para contar a história. Também conheço maridos que arriscam perder a família em troca de prazer fora de casa, e que depois não conseguem mais resgatá-la.

Receba meu convite para fazer uma mudança nas suas prioridades de vida, com base em oito áreas principais que vou apresentar no próximo capítulo. Saiba que todos os dias é possível aprender algo novo nos seus múltiplos papéis e progredir. Entenda que a felicidade está dentro de você, não fora. Que a construção de riqueza pode caminhar junto da manutenção de um lar verdadeiro. Assim como precisa afastar pessoas falsas e focar o fortalecimento da família, para que ela o ampare quando o mundo tentar cavar buracos para você cair.

Eu não sei quais são as suas dificuldades, os problemas que está enfrentando, mas tenho certeza de que sempre é tempo de gerar novas prioridades. Alguém pagou o preço na cruz para que nós tivéssemos a oportunidade de viver hoje. Valorize isso todos os dias. Valorize também todos aqueles que estão do seu lado, querendo ser felizes e prósperos junto a você. Prioridades erradas geram histórias equivocadas, e no próximo capítulo vamos levantar o tamanho desse desequilíbrio para confirmar *o que*, *para que* e *como* recalcular sua rota.

Para finalizar o capítulo, responda a estas perguntas:

1. Quais são as principais desculpas que você tem usado para justificar a vida que está vivendo hoje?

   ____

   ____

   ____

2. Se tempo não falta, o que está impedindo você de priorizar o que realmente importa?

   ____

   ____

   ____

3. Onde você está investindo a maior parte do seu tempo e da sua energia? Isso aproxima ou afasta você da vida que deseja?

   ____

   ____

   ____

4. Quais são as distrações ou os vícios que mais roubam seu tempo diariamente?

____

____

____

5. O que, de fato, é prioridade na sua vida hoje? Isso está alinhado com o que você quer construir?

____

____

____

6. Que área da sua vida você sente que está negligenciada e que precisa receber mais atenção?

____

____

____

7. Qual decisão simples, mas urgente, você pode tomar hoje para recalcular sua rota?

____

____

____

Anote: você veio ao mundo para prosperar. Só que a prosperidade depende das decisões que você tomar.

Reflita: quantas decisões você poderia ter tomado, mas deixou ao acaso e se deu mal?

CAPÍTULO 2

QUAL É SUA PRIORIDADE HOJE?

O cérebro ama aquilo que já conhece. Ele faz com que nos sintamos seguros onde (e como) estamos. Por isso, você pode, sem perceber, estar preso a maus costumes reforçados pelos ambientes em que vive, igual à maioria das pessoas que nem ao menos descobre o porquê. A maior prisão não tem grades. Ela é invisível e silenciosa... e é por isso que quase ninguém escapa dela. O problema? O que trouxe você até aqui não vai levá-lo mais longe.

Lembre-se: o cérebro é viciado em passado. Quando você prioriza o novo, precisa, obrigatoriamente, cortar hábitos e se forçar a respirar o ar raro da incerteza.

Enquanto acorda no mesmo horário, faz as mesmas coisas, convive com as mesmas pessoas, pensa do mesmo jeito, repete os mesmos erros, gasta tempo e energia com venenos para sua vida... seu resultado não vai mudar. Se os ambientes em que está vivendo são de falácias, mentiras, enganações, traições, vícios... não se iluda! As más conversas vão corrompendo seus bons costumes e, quando percebe, você assumiu outros valores. É aí que mora o perigo.

Agora, pense por um instante: o que você está deixando de fazer por medo de sair da zona de conforto? Para uma mudança consistente, é preciso antes fazer uma autorreflexão sobre o quanto sua vida está desequilibrada em oito áreas principais:

1. **Eu como pessoa** (com meus valores, interesses, sonhos).
2. **Vida amorosa** (o cuidado, a conexão, o amor, a vida sexual).
3. **Vida familiar** (núcleo principal com filhos, cônjuge e demais parentes).
4. **Vida profissional** (negócios, carreira, prosperidade).
5. **Vida espiritual** (conexão com Deus, princípios e valores).

6. **Vida financeira** (investimentos, ganhos e gastos, construção de riqueza).
7. **Vida social** (amigos, *networking*, ambientes frequentados).
8. **Saúde/bem-estar** (saúde física, emocional e mental, momentos felizes).

Essa reflexão é algo que faço de tempos em tempos, geralmente de manhã, diante do espelho. Afinal, não estamos livres de cometer deslizes. Tenho plena consciência de que não sou perfeito; ninguém é. Por muito tempo, gerei histórias equivocadas por causa das prioridades que escolhi. Eu queria coisas que me davam acesso a prazeres imediatos e deixava de lado outras bem mais importantes, que me trariam prazeres a longo prazo; isso me acarretou um choque de realidade. E não adianta ficarmos procurando culpados para justificar aquilo que é responsabilidade única e exclusiva nossa.

Em uma fase da minha vida, eu era um cara solteiro com dinheiro no bolso e vivia farreando, bebendo, usando drogas. Fui um Kaká que saía de casa na quinta-feira e só voltava na segunda. E muitas vezes tive vontade de me arrebentar ao volante, porque sentia um vazio interior sem tamanho. Até meus 27 anos, fazia tudo o que não prestava – me prostituía a mulheres e ainda me iludia de que aquela vida iria trazer felicidade. Havia esse vazio que me consumia de todas as formas, e eu não conseguia preenchê-lo, por não saber o que faltava. Consequentemente, eu passei a me vitimizar e a me conectar com as pessoas erradas.

Perceba que o infeliz precisa de outro infeliz para validar a infelicidade. A física quântica explica bem isso. Quando a pessoa tem pensamentos negativos, começa a atrair gente que concorde com eles. Imagine só como fica a mente quando está

permeada de propostas, ideias e energias erradas? Mas sempre é tempo de mudar.

É comum me perguntarem: "Kaká, o que fez você, de 2015 para 2016, decidir recalcular sua rota?". O pontapé foi a necessidade. Ela move o ser humano a fazer o que for preciso para dar uma chacoalhada na vida. Sabe quando você não se sente útil? Sente que está vivendo sem um propósito? Precisa mudar a si mesmo para poder melhorar a realidade da sua família? Lá em 2015 para 2016, eu passei por isso.

A necessidade me tirou de uma zona de conforto para me transformar em quem sou hoje em todos os aspectos. Devo primeiramente a Deus, porque sem Ele eu não estaria aqui. Depois aos meus pais, pela criação que me deram. E muito, muito mesmo, à minha esposa, porque é praticamente impossível um homem se tornar bem-sucedido na vida sem uma mulher sábia ao lado. Uma mulher que apoia, que edifica, que pega na mão e diz: "Meu amor, te amo no alto ou no baixo, no topo ou no fundo do poço". Feliz do homem que tem uma mulher companheira ao lado para ser seu porto seguro em todos os momentos. Não importa sua condição financeira, seu status social, sua profissão... O importante é vivermos ao lado de quem amamos de verdade, independentemente das circunstâncias que a vida impõe.

A chegada de Simone iluminou meu caminho. Entre tantas qualidades, ela é uma fortaleza de fé e, nas vezes que me flagrou fraquejando na minha, ela me alertou: "Ei, esqueceu que Deus tem uma palavra sobre sua vida?". Eu ainda lembro, e posso até escutar de forma audível, tudo o que ela me falava quando me faltavam forças para me levantar. Por saber que necessitamos desse apoio sincero, agora estou aqui para estender minha mão e puxar você para cima.

Eu estou aqui para caminhar ao seu lado rumo a seu propósito de priorizar aquilo que traz prazer a longo prazo.

Você já pensou em ter com o seu amor um acordo igual ao que Simone e eu fizemos quando nos casamos – de que, quando um sobe, puxa o outro? Esse acordo dura até hoje. Eu tenho orgulho de dizer que sou marido da Simone e pai do Henry e da Zaya. Por um motivo simples: são meus bens mais preciosos. Nossos filhos nos respeitam e nos obedecem. Se os seus não o respeitam nem o obedecem, tem algo errado. A educação dos filhos não acontece no automático. A verdade é dura, mas precisa ser dita: se não ensinamos do jeito certo, o mundo vai ensinar do jeito errado. Ou você educa seus filhos no caminho correto, ou os amigos da rua vão ensiná-los da pior maneira possível. E esse erro pode custar caro.

A (DES)UNIÃO DA FAMÍLIA

Antigamente, eu ficava muito tempo fora de casa porque não tinha para quem voltar. Hoje, volto feliz porque sei quem está me esperando dentro de casa. É uma pena ver mais lares desestruturados do que bem-sucedidos. Uma família bem-sucedida não é perfeita, parecida com a de propaganda de margarina. A nossa também passa por dificuldades, enfrenta problemas, pode errar. A diferença é que reconhecemos quando há necessidade de recalcular a rota e corrigir o que não vai bem e pode melhorar.

A todos que ainda não possuem na família sua maior fortaleza e seu maior fator de sucesso, eu digo que há apenas duas escolhas:

Continuar vendo **sua família se perder em brigas,** desentendimentos, falta de respeito e de propósito...

Ou decidir agir agora e começar a **construir uma família rica** em valores, união e prosperidade.

Essa decisão envolve mudança de mentalidade para administrar melhor suas prioridades. E é importante dizer que essas prioridades mudam conforme a fase de vida.

Existem dois momentos marcantes na área da família. Na fase de solteiro, eu pertencia à família dos meus pais, com meus irmãos. A partir do momento que me casei, constituí a minha família. Houve uma mudança de titularidade.

Minha família passa a ser minha esposa e meus filhos. Quanto aos meus pais e irmãos? São meus familiares. O amor diminui? Não! Muito pelo contrário. Você até passa a entender um pouco mais o que seu pai e sua mãe faziam quando chamavam a sua atenção, soltavam um sonoro "não" para suas vontades fora de hora. Mesmo assim, família e familiares são pilares diferentes.

Eu considero família o meu núcleo principal, formado pela minha esposa e meus filhos. E familiares são meus pais, sogros, irmãos, primos, genros e noras, sobrinhos etc. Vemos com facilidade casos em que a pessoa se casa, mas mantém o cordão umbilical com o pai e a mãe. É um adulto infantilizado, emocionalmente imaturo, aprisionado na infância e dependente dos genitores. Quem não conhece histórias de sogro ou sogra tomando decisões pelo casal?

Ou de pai e mãe que não conseguiram mais pagar a escola do filho porque socorreram um cunhado ou uma tia em apuros financeiros?

Não é raro encontrarmos familiares com uma ligação de dependência para tudo, que acaba interferindo na dinâmica do núcleo principal, no amor do casal, na educação dos pequenos, e por aí vai. Por mais que você ame seus genitores, tios, sobrinhos, suas prioridades pós-casamento mudam, junto da sua dedicação no dia a dia. Muitas pessoas sentem dificuldade em fazer essa separação, mas ela é necessária.

TRABALHAR FEITO DOIDO E DIZER QUE É PELA FAMÍLIA

Essa é outra confusão bastante frequente, que desequilibra a vida – e eu mesmo passei por isso. Em 2024, os outros sócios da Non Stop Group disseram "precisamos de você", e honrei a confiança aceitando ser CEO de um negócio de marketing de influência, gestão de carreiras e de mídia que crescia exponencialmente. Saímos de dez para mais de cem colaboradores. O faturamento anual cresceu de 10 milhões de reais para mais de 100 milhões desde o início da empresa.

Como CEO, eu me dediquei muito mais do que antes, desde que fundimos nossos negócios na área de entretenimento. Fiquei muito mais ativo dentro desse ecossistema em relação aos meus outros braços empresariais, e um pouco mais afastado de casa. Minha família sentiu demais minha falta, e vice-versa. Era visível que o trabalho consumia muito do meu foco e do meu tempo, mas eu pensava: *Cara, estou fazendo o melhor que posso como marido e pai, me dedicando ao máximo em prol da minha família.*

Chegava em casa e ficava grudado no celular até meia-noite, trabalhando. Repetia a maratona insana de reuniões e decisões todos os dias. A "historinha" que eu contava a mim mesmo era que, trazendo resultado para meu negócio, prosperando financeiramente, dando conforto e segurança patrimonial à minha família, eu levava felicidade para casa. E não é assim. No futuro, meus filhos não se lembrarão dos presentes que dei, mas da minha presença. Passar meia hora jogando bola com meu filho: isso, sim, o deixava feliz.

Eu me recordo de quando fiz uma viagem para a Europa alguns anos atrás e fiquei longe de casa por quase vinte dias. Na última cidade da turnê, Lisboa, encontrei um brinquedo que o Henry desejava muito. Ele estava na fase de brincar com carrinhos da Hot Wheels. Havia um estacionamento gigante desses carrinhos e cheios de pistas e obstáculos, um verdadeiro circuito. Comprei e trouxe o presente na bagagem, me sentindo o pai mais legal do mundo.

Isso era o que eu achava até constatar a reação do meu filho.

Ele não sabia que eu chegaria naquele dia, então resolvi fazer uma surpresa. Montei o brinquedo na sala da casa em que morávamos na época, em Fortaleza, e aguardei meu filho retornar da escola na hora do almoço. Henry ficou muito feliz quando me viu, correu para me dar um abraço bem apertado de saudade, com aquele sorriso lindo no rosto que me desconcertava todo. Eu olhei para ele e disse:

— Filho, olha o que o papai comprou para você: seu estacionamento!

Ele olhou, sorriu e me fez um convite:

— Que legal, papai, vamos lá fora?

Pegou na minha mão e me puxou para jogar bola no gramado. Eu fiquei intrigado, pois, após tantos dias longe, eu tinha trazido o que ele tanto queria, mas meu filho não parecia se importar com aquilo. Perguntei a ele se havia gostado do presente e ouvi uma resposta sincera:

— Gostei! Mas eu só quero jogar bola com você, papai. — E o sorriso veio novamente no rosto dele ao me ver ali, disponível.

Sabe qual lição aprendi naquele dia? Filhos não querem os melhores presentes que o dinheiro pode comprar. Eles nos querem presentes, fazendo coisas simples que reafirmem nossa conexão: "Estamos aqui só para vocês". Os negócios são uma área importante da vida, mas eu precisei recalcular a maneira como estava trabalhando, já que esse tipo de desequilíbrio traz enorme desperdício de tempo. No fim das contas, não fazia nada direito.

Talvez você esteja neste exato momento com a mentalidade de que precisa trabalhar cada vez mais para ganhar mais e dar à família "tudo o que não teve". Isso não vai acontecer enquanto continuar trocando tempo por dinheiro, em vez de começar a construir ativos. A situação piora quanto maior for a dificuldade de estabelecer limites, e isso foi o que aconteceu comigo dentro da Non Stop. Tem gente que está prestes a sofrer um burnout porque não consegue – ou não tem espaço para – comunicar seus limites em relação às tarefas diárias. Quem ganha com isso? Ninguém.

NÃO SOMOS ENSINADOS A BUSCAR EQUILÍBRIO

Há vários outros motivos que nos empurram para o desequilíbrio. Um dos principais é que não somos ensinados a gerir nossa vida, tanto no âmbito pessoal quanto no profissional. Enquanto a gestão de carreira/negócios tende a ser um tema bastante popular, pouco se fala de gestão familiar. Menos ainda sobre a combinação das duas.

É necessário que haja uma balança equilibrada em meio a estes dois temas: trabalho e família. Tem que ser dois pesos com a mesma medida. Caso contrário, quanto mais se dedicar a um, mais destruirá o outro.

Repare que grande parte das pessoas reproduz esse direcionamento míope na criação dos filhos, ou seja, se preocupam somente se eles vão se tornar profissionais bem-sucedidos e ganhar bastante dinheiro. Pois é, o mundo induz a gente a buscar uma estabilidade financeira que não existe. "Como assim, Kaká?" Mesmo que você (ou seu filho) tenha o suficiente para os boletos e muito mais, nunca pode se acomodar. Precisa saber que sempre faltará algo – muitas vezes, o que não está à venda é o que traz realização.

Assim como com seus negócios e carreira, sua família precisa ser gerida de forma responsável para que haja evolução e crescimento a cada obstáculo superado. Só que não nos ensinam que a base familiar é a estrutura de sustentação de toda a cadeia que se retroalimenta desse equilíbrio.

É comum sermos ensinados a priorizar sempre o trabalho e/ou as finanças. No entanto, dedicação demasiada a uma única área, ou duas, costuma causar efeitos colaterais nas outras. Tudo em excesso gera desequilíbrio, equívocos e decepções. E a coisa piora quando a pessoa não tem clareza sobre seu propósito de vida. Quando ela não se conhece bem, não tem consciência de quais são seus interesses e objetivos verdadeiros. Assim, se torna refém da vontade dos outros, das circunstâncias...

A ausência de suporte emocional em uma área da vida, ou em várias, é outro fator que provoca um desequilíbrio geral. Se a sensação de bem-estar com o trabalho e/ou o casamento, por exemplo, não predomina em relação aos dias ruins, então ela contamina as decisões de vida com sentimentos de desânimo – pessimismo, estresse, inércia completa. Todos nós conhecemos pessoas presas a ambientes e relacionamentos tóxicos, que sugam energia e minam o crescimento. E por que, mesmo se sentindo humilhadas, incompreendidas ou atacadas, elas continuam assim?

Medo de mudanças, entre outros temores profundos, muitas vezes inconscientes, desempenham papel significativo no comportamento alheio, impedindo esses indivíduos de tomarem decisões ousadas e necessárias. Aqueles que não desenvolvem autoliderança, ou liderança pessoal, não estão no controle da própria vida e deixam que uma série de inseguranças crie um muro imaginário, aparentemente impossível de transpor. Outra verdade dura de dizer: você nunca se tornará um líder de pessoas sem, antes, saber liderar a si mesmo.

VOCÊ TEM A VIDA QUE MERECE

Liderar a si mesmo exige ter autorresponsabilidade pela vida que tem. A raiz dos seus problemas não está no outro, mas sim na sua mentalidade, que impacta suas atitudes. Se você não consegue dar certo em nenhum negócio ou emprego, se não tem o amor de uma família, se se sente infeliz ou com um vazio que não parece ser preenchido por nada nesse mundo... De nada adianta reclamar da falta de tempo se o que falta é prioridade.

Quando entender que está merecendo tudo isso por causa das suas prioridades atuais, vai conseguir virar esse jogo. Uma maneira realista de mostrar isso é fazendo, agora mesmo, o exercício a seguir.

Exercício fundamental: Mapa das Prioridades da Vida

Com base nas reflexões que fizemos até aqui, chegou a hora de assumir com máxima sinceridade seu nível de prioridades, a fim de focar um novo equilíbrio e fazer a transformação acontecer. Pensando no tempo e na atenção que dedica a cada uma das oito áreas da vida apresentadas a seguir, atribua uma nota de 0 a 10.

Utilize os números correspondentes a cada círculo e marque um ponto no cruzamento com a linha correspondente a cada área. Em seguida, una os pontos.

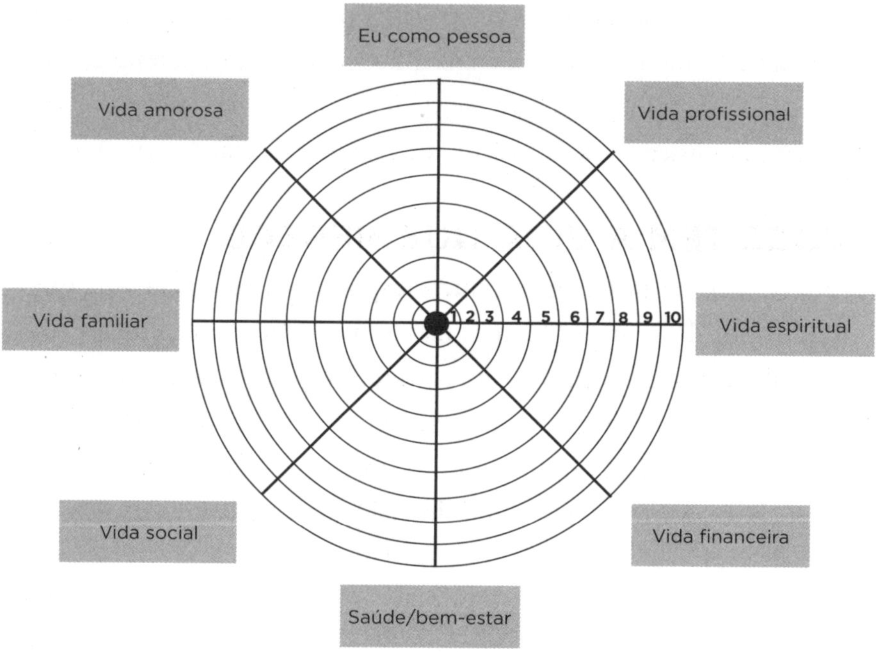

A boa notícia é que tudo nesta vida pode ser mudado. Não por mim, mas por você mesmo. Arrisque praticar o que vou compartilhar a partir do próximo capítulo. Uma coisa que ninguém conta a respeito do risco é que ele não vem com manual, muito menos garantias. As pessoas ficam pensando: *Kaká, será que vai dar certo? Será que eu vou conseguir?*, e aí travam, porque todo mundo quer crescer, quer resultado... mas não quer pensar diferente da maioria nem colocar a mão na massa. Isso não funciona.

Crescer dói, e arriscar dá medo. E daí? Entenda que coragem não significa ausência do medo. É saber que existe algo mais importante que o medo para ser enfrentado. Então, está com medo? Vá com medo mesmo. Eu não estou nem aí para isso. A vida não é uma planilha linda de Excel. O que você está esperando? Que alguém diga "Agora dá certo, você está seguro"? Ninguém fez isso comigo, e ninguém vai fazer isso com você.

Reconstruir algo grande sem se arriscar? O jogo não se trata de estar pronto, e sim de estar disposto, mesmo que não seja o caso. O que não pode faltar é disposição para fazer, errar e, principalmente, aprender.

Faz parte do processo de prosperidade viver disposto a virar o jogo no meio do caos. Só dá certo para quem arrisca. Pessoas bem-sucedidas de verdade e que têm mentalidade de crescimento são movidas por riscos, sabendo que o resultado depende do seu esforço para fazer dar certo.

Para finalizar o capítulo, responda a estas perguntas:

1. Quais áreas da sua vida estão claramente desequilibradas e impactando seus resultados?

____

____

____

____

2. Que padrões, hábitos ou ambientes você percebe que estão prendendo você no lugar?

____

____

____

____

3. As suas ações diárias estão alinhadas com o futuro com que você sonha?

4. Quais são os três maiores sabotadores que você identifica na sua rotina?

5. Você está priorizando o que dá prazer imediato ou o que trará realização a longo prazo?

6. Em que áreas da sua vida você está aceitando viver no automático por medo de mudar?

7. O que você precisa abandonar para criar espaço para uma nova realidade?

____

____

____

____

____

____

Anote: a coragem não é a ausência de medo, mas sim a ação apesar dele.

Reflita: você já parou para pensar no que está deixando de viver... por falta de coragem para enfrentar os desafios do mundo?

CAPÍTULO 3

PERMITA-SE (RE)EQUILIBRAR SUA VIDA

Tudo o que abordei até aqui foi apenas um aquecimento para acabar com a desculpa de que falta tempo para uma gestão eficiente daquilo que realmente importa. O que falta é trabalhar melhor as prioridades, pois isso, sim, vai trazer resultados consistentes e duradouros para sua vida. Durante muito tempo, mulheres ouviram que tinham que escolher entre carreira e família, como se fosse impraticável conciliar tempo e atenção às duas áreas. (Minha esposa, Simone, mostra o contrário!) Homens ouviram que precisavam se matar de trabalhar para serem bons provedores, sacrificando sua presença como maridos, pais, filhos... (Eu jamais toparia esse tipo de sacrifício!)

Será que isso ainda faz sentido para você? Tomara que não. O mundo mudou, e precisamos libertar nossa mentalidade desse modelo ultrapassado de vida. Todos nós podemos alcançar sucesso sem destruir a família, a saúde, as boas amizades, a autoestima. Só precisamos saber como.

Exercício de alinhamento: assinale as afirmações com as quais você concorda.

- ☐ O sucesso profissional não precisa vir à custa do seu casamento.
- ☐ Ter dinheiro não significa ser ausente para os filhos.
- ☐ Construir um império não exige sacrificar sua saúde e sua paz.
- ☐ Trabalhar de forma produtiva é melhor que trabalhar sem limites.

- ☐ Ter um propósito forte é melhor que trabalhar apenas pelo dinheiro.
- ☐ O verdadeiro sucesso é aquele que se constrói sem precisar pedir desculpas para a pessoa amada.
- ☐ Equilíbrio é a chave. Mesmo que, em determinados momentos, você não possa dividir igualmente seu tempo entre todas as áreas, é capaz de priorizar com inteligência.

Isso é o que ninguém conta, mas que aprofundaremos nos próximos capítulos.

Mas, afinal, o que significa priorizar tempo? Não se trata da quantidade, mas da qualidade de horas que você dedica a alguém e a algo que realmente importam na sua vida. Então, grave isto: tempo qualitativo é muito melhor do que quantitativo.

Nunca faltaram horas; o que realmente falta é decidir qual é sua prioridade *a cada tempo*. Há, por exemplo, o tempo de trabalhar em um projeto novo e o de estar 100% presente nas brincadeiras com os filhos. Assim como o tempo de se conectar com Deus, o de socorrer um amigo querido e o de descansar o corpo e a mente.

É como uma bandeja repleta de copos. Ou você enche cada um de modo a equilibrar o peso ou, quando for carregá-la, a tendência será derrubar tudo. O sucesso não é apenas o montante que se tem no banco. Ele é mais que isso, é uma combinação de autoconhecimento, liderança pessoal, fortalecimento familiar e prosperidade nos negócios, tudo isso aliado a uma poderosa conexão espiritual. Essa é uma mentalidade em alto nível!

Na verdade, a junção de todas essas prioridades contribui para potencializar o resultado financeiro. Ou seja, a prosperidade que o dinheiro traz é acessada de uma maneira muito mais consistente quando, antes de mais nada, você faz progressos em outras áreas. Ou você acha que alguém com a família desequilibrada, disfuncional, sem fé, consegue se tornar (e se manter) próspero? É por isso que combinar os dois ativos mais escassos da atualidade – tempo e atenção – tornou-se a chave para qualquer pessoa aprender a priorizar o que tem de mais valioso.

JÁ APLICOU O PPP?

Meus 27 anos foram marcantes, porque foi quando eu aceitei Jesus e comecei a constituir minha família. "E aí, Kaká? Os problemas acabaram?" Não. Aprender a lidar com eles de uma maneira diferente foi um processo necessário, que me capacitou para resolvê-los e começar a progredir. Problemas existem para serem resolvidos, lembre-se disso. Não foram poucos os desafios que enfrentei ao longo da minha jornada para me tornar o empresário, o marido, o pai, o amigo e a pessoa que sou hoje.

Prepare-se para aprender com quem tem resultados na vida e quer ajudar mais pessoas a chegarem lá! A partir de agora, você vai fazer esses tratos comigo:

- O que faz crescer: cuide!
- O que não beneficia, não edifica: evite!
- A todas as coisas boas que você viveu até ontem: agradeça!

E o que você vai fazer hoje, com o que pode começar, melhorar ou consertar para reequilibrar suas prioridades? O **PPP: processo, progresso e propósito**.

Eu tenho plena convicção de que Deus permite que você viva um processo, que serve de escada para seu progresso, até que alcance seu propósito maior. Pense em uma escadinha. No primeiro nível, há o processo, permeado de desafios e obstáculos. No segundo, vem o progresso, cheio de superações e aprendizados. No terceiro andar, seu propósito, repleto de colheitas e chances de desfrutar do que Deus preparou para sua vida.

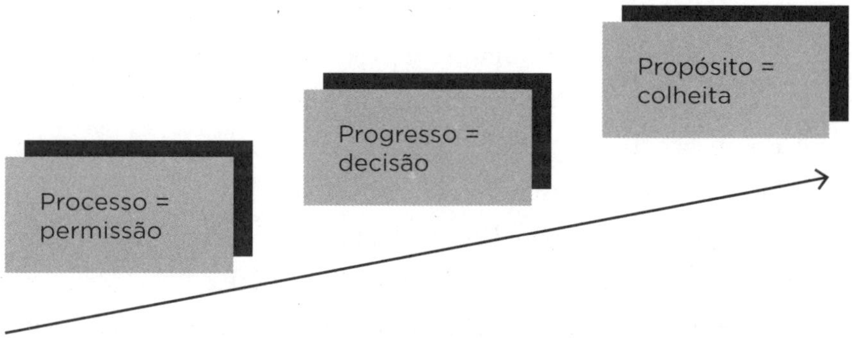

Então, só será possível alcançar tudo aquilo que queima dentro de você – ou seja, o desejo por trás daquilo que faz com seu tempo – se começar pelo processo. Não o evite, pois ele é fundamental para sua jornada de aprendizado e crescimento.

Está passando por algumas situações difíceis? Aprenda por meio delas o que precisa mudar para conquistar seu progresso. Muitas vezes, Deus está trabalhando, só que em silêncio, para permitir que você decida ter uma colheita diferente.

Repito: a mudança acontece dentro de você, na sua mentalidade. Deus tem a provisão, mas quem precisa tomar a atitude necessária é você. Levante-se da cama já agradecendo à nova oportunidade de fazer acontecer. Então, pense que o processo é o primeiro andar de uma escada para o progresso, que depende da sua decisão. Para depois colher o propósito de fazer coisas maravilhosas por você e para outras pessoas, todos os dias da sua vida.

Não pare no primeiro degrau, não desista de subir de nível. Nem fique se comparando com os outros, porque quem faz isso acaba esquecendo de "regar" o próprio progresso – e, quando você descobrir quem é de verdade, nunca mais vai desejar ser outra pessoa além de si mesmo. Valorize as coisas boas que você tem de graça, aquelas que o dinheiro não pode comprar.

Lembre-se de que seu ativo mais precioso é o tempo. Ele é oferecido sem custo e, gratuitamente, você o joga fora todos os dias, desperdiçando-o com coisas que não importam. Sabe o que é pior? Ele é a única coisa que seu dinheiro não consegue comprar de volta.

"Kaká, eu não consigo mudar minha vida." É porque você não havia tomado essa decisão. Pois eu digo que tem permissão para isso, só precisa começar a recalcular sua rota em 3,2,1...

Sinceramente, ou você tem controle sobre sua vida, ou sua vida controla você! Pense nisto: as pessoas que você admira um dia também tiveram que sair da zona de conforto. Decidiram investir naquele projeto, escapar daquele ambiente tóxico, fazer novos acordos no casamento, participar ativamente da educação dos filhos, ter disciplina na atividade física... Mesmo não tendo todas as respostas, elas sabiam que não podiam continuar no mesmo lugar. *Bora!*

PROGRAMA RECALCULE SUA ROTA (RSR)

Se algo está dando muito errado na sua vida, deve ter ficado mais visível quando você desenhou seu Mapa das Prioridades da Vida no capítulo anterior. A partir de agora, você pode gerar novas prioridades com o programa Recalcule Sua Rota, que preparei com todo o carinho e cuidado – porque o meu propósito é alcançar outras vidas –, e que aplico até hoje na minha própria jornada. Toda vez que faz algo que só engrandece a si mesmo, focando apenas seu interesse, o faz por egoísmo ou vaidade pura. Mas, quando faz para se ajudar e ainda expandir os benefícios a mais pessoas, aí, sim, está cumprindo seu papel na Terra.

Compartilhar conhecimento é algo que me motiva. Então desejo, do fundo do meu coração, que esse programa seja tão transformador para você como foi para mim. Melhor ainda será se sua mudança contribuir para que mais pessoas ao seu redor mudem também! É o início de um processo sem volta, pois você não será mais o mesmo, eu prometo.

Esse programa agrupa as oito áreas mais importantes do Mapa da Vida em três grandes grupos de prioridades: consigo mesmo; com a família e demais relacionamentos; e com seus negócios e a criação de riqueza, tendo a espiritualidade como fortaleza. A melhor representação visual que encontrei é a de um tripé, porque mostra que os três lados importam, com a espiritualidade linkando e dando sustentação.

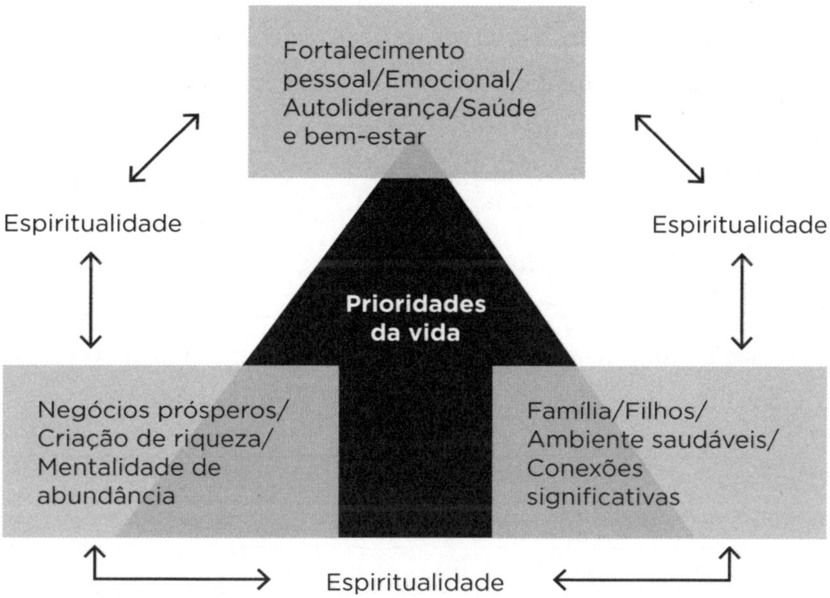

Dedicarei um capítulo para cada grupo de prioridades, assim poderei aprofundar o assunto com reflexões, ensinamentos, exemplos, dinâmicas e ferramentas práticas que aplico com sucesso no meu dia a dia. Só para despertar sua curiosidade, pergunto: você conhece a dinâmica da delegação consciente? E a ferramenta das perguntas inversas? Tem um quadro dos valores familiares criado por todos que moram na sua casa? Vem trabalhando seu negócio por pilares ou camadas?

Tudo isso e muito mais estarão bem explicados nas próximas páginas. E mais: vou contar sobre as conexões que eu faço, as mesas a que me sento, a maneira como lidero os negócios, os princípios que incorporo na criação dos meus filhos e como cuido do meu casamento, para que seja inabalável.

Reconheço que o tripé do Recalcule Sua Rota não desmorona se o suporte espiritual estiver enfraquecido, mas que fica mais vulnerável a desequilibrar um pouco (ou muito), *ah!*, fica. Por isso, trago como fechamento um capítulo dedicado à espiritualidade, que considero a base, o ligamento, a força divina e indispensável para atingir a felicidade e a harmonia em todas as outras prioridades da vida.

Para finalizar o capítulo, responda a estas perguntas:

1. Você realmente acredita que é possível equilibrar vida pessoal, família e negócios sem abrir mão de nenhum dos três?

____

____

____

____

2. O que impede você de oferecer mais tempo de qualidade para sua família e para si mesmo?

____
____
____
____
____

3. Em que mentiras sobre sucesso você acreditou e agora percebe que não fazem mais sentido?

____
____
____
____
____

4. Em que áreas da sua vida você tem experienciado excesso? E em quais tem experienciado escassez?

____
____
____
____
____

5. De que maneira a sua definição de sucesso mudou depois de ler este capítulo?

____
____
____
____
____
____

6. Que mudança prática você pode fazer amanhã para viver com mais equilíbrio?

____

____

____

7. Você está disposto a abrir mão do excesso de trabalho, estresse ou distrações para viver uma vida mais alinhada com o que realmente importa?

____

____

____

Anote: seja o autor do seu destino e o único responsável por virar a página.

Reflita: você vai continuar se escondendo atrás das suas desculpas ou vai aparecer no palco da própria vida?

GRAVE ISTO:
TEMPO QUALITATIVO É MUITO MELHOR DO QUE QUANTITATIVO.

CAPÍTULO 4

FORTALECIMENTO PESSOAL

Começamos o programa Recalcule Sua Rota pelo fortalecimento interior, porque o verdadeiro sucesso começa dentro de você – e reflete em tudo a seu redor. É puro engano achar que você atrai quem *quer*. Na verdade, você atrai quem *você é*. Ou seja, atrai pessoas e situações que combinam com quem *você é* e com *o que faz*. Então, está mais do que na hora de desenvolver uma mentalidade diferente, reconhecendo que tem no seu interior o poder e a capacidade de mudar o que afeta sua vida, incluindo a família e os negócios.

Entenda de uma vez por todas: nós temos a vida que toleramos. Se você está vivendo algo ruim é porque não é tão difícil tolerar o fardo. Até o dia de não aguentar mais e fazer tudo diferente do que fez até hoje.

Não espere que o mundo mude para decidir se tornar uma pessoa melhor em todos os sentidos! Eu falo muito sobre o burro, o inteligente e o sábio. O burro é aquele que erra repetidas vezes; o inteligente é aquele que não comete o mesmo erro; e o sábio é quem aprende com o erro. Então, você entra no processo de sucesso quando se transforma no sábio da história e reconhece que:

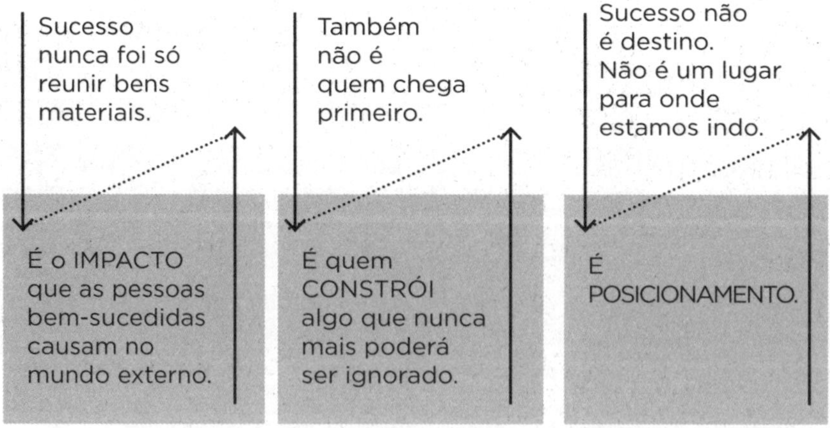

Quando você se posiciona sobre seu propósito de vida e o aplica nas suas ações diárias, consegue alcançar o sucesso. Ele nasce de uma visão clara, se desenvolve com sua disciplina e floresce quando você tem resiliência na superação dos desafios e aprende com eles.

Eu arriscaria dizer que a maioria das pessoas nem ao menos sabe o que significa propósito. Pensa que é o trabalho, mas na realidade é o que está por trás dele. Em outras palavras, é tudo aquilo que nos move a fazer o que fazemos, o desejo que queima dentro de nós. Para quem ainda precisa descobrir o seu, aviso logo que o propósito não é egoísta, uma vez que não serve somente para você. Aliás, a palavra "servir" o define bem. Trata-se de servir aos outros aquilo que arde no seu íntimo.

Sempre digo que o propósito deve fazer uma ponte com as outras pessoas. Isso fica visível quando eu sei *quem sou* (a minha essência) e *o que faço* (como eu produzo), separadamente, para enxergar qual é a minha motivação – particular, individual e indelegável. Já experimentou dizer em poucas palavras *quem é você* sem falar sobre *o que faz*? Parece fácil, mas é desafiador e necessário. Você se olha no espelho e não tem a capacidade de descrever quem realmente é? Isso não se trata de se enxergar, mas sim de se reconhecer.

O que percebo é que as pessoas externam *o que fazem* com muito mais segurança do que *quem são*. Em minhas mentorias, eu procuro fazê-las "fritar" a mente para entender que há diferenças. O exercício a seguir ajuda nessa separação.

Exercício para descobrir (ou reafirmar) seu propósito

Redobre sua atenção, porque eu não vou perguntar "quem é você?". Peço que responda, de maneira bem direta e objetiva:

- O que você faz na sua vida?

____

____

____

____

____

____

____

- Para quê?

____

____

____

____

____

____

____

- Qual é sua motivação para fazer isso?

____

____

____

____

____

____

Esse é o seu propósito.

Certa vez, uma mentorada, que é fisioterapeuta, me procurou para contar um desejo e um conflito. Ela queria muito fazer palestras, e me perguntou se deveria direcionar seu conteúdo para profissionais da área ou para pessoas em geral que quisessem mudar de vida. Eu respondi que são coisas distintas.

— O que você quer fazer? — perguntei à minha mentorada.

— Dar palestras.

— Para quê?

— Transformar a vida das pessoas.

— De quais pessoas?

— Pessoas comuns, para que se cuidem integralmente (corpo, mente e emoções), se gostem e se fortaleçam.

— Ah, então você não tem que restringir a palestra ao trabalho. Dê também seu testemunho de vida, alinhando sua mensagem ao seu propósito, e deverá ter sucesso na sua jornada.

Meu propósito não tem a ver com negócio nem com cifrões no banco. Não é nada disso. É restaurar famílias, dar direcionamento àqueles que estão perdidos. E eu não vivo em busca do meu propósito. *Vivo de propósito.* Também gosto, como minha mentorada, de transformar a vida das pessoas. Do meu jeito: ensinando a correr, que é o que estou fazendo neste livro, em vez de dar a medalha.

Você quer fazer sucesso? Encha o peito de coragem e bote a cara a tapa, porque não é fácil. O topo não tem vaga para todos, só tem vaga para quem está disposto a conquistar vitórias.

Eu brinco que a vida só é fácil para quem não precisa vivê-la. Quando você vê alguém bem-sucedido, tanto na área profissional quanto na pessoal e na familiar, inevitavelmente descobre que ele tem comportamentos e características que o norteiam a viver exatamente do jeito que vive. Eu afirmo: pessoas bem-sucedidas têm hábitos únicos que as levam ao progresso. Elas se arriscam, não vivem com medo de errar nem de serem julgadas por suas escolhas. Decidem e fazem acontecer. Então, merecem estar onde estão.

Da mesma forma, aquele que é mestre em fazer bobagens (como eu, até os 27 anos) merece a vida que tem: cheia de medos, inseguranças, dúvidas. Uma vida de incertezas e tropeços diários, andando em círculos e parando sempre no mesmo lugar. Porque tudo começa no pensamento. Enquanto uns nunca acham que podem ir além do que são e acreditam que não merecem o que têm, outros já sabem que a vida próspera contraria qualquer crença limitante.

TRANSFORME SUA MENTALIDADE

Somos nós que deixamos tudo o que é externo atrapalhar o que é interno. Para me explicar, vou falar de neurociência. Aprenda isto: a nossa mente é uma central de criação da realidade. Você não consegue ter uma vida bem-sucedida se ela estiver permeada de coisas negativas, improdutivas – e é o que mais acontece no dia a dia de muita gente, por falta de informação, de força interior ou pelo ambiente. Você tem os mesmos pensamentos quando frequenta os mesmos lugares e convive com as mesmas pessoas. Elas o induzem a sentir emoções que geram ações; e consequentemente sempre terá os mesmos resultados. Mas ainda bem que mentalidade é algo que se transforma!

Seu subconsciente não sabe distinguir o que é real do que não é. Quando mentaliza algo e transforma em verdade para você, aquilo vira uma realidade. Então, pense, viva, acredite e realize...

Desde criança, absorvemos crenças e pensamentos errados, achando que estão corretos. Bater em filho, por exemplo. Apanhei muito da minha mãe, que me amava mais do que tudo nessa vida. A cultura que ela recebeu foi a de bater para educar, porque ela também apanhava.

Automaticamente, ela reproduziu isso em mim. O ser humano ou tende a replicar um comportamento da infância, ou então o repudia. Eu repudiei e nunca relei a mão nos meus filhos. Basta um olhar meu para eles perceberem que estão fazendo alguma bobagem.

Se tem algo que aprendi na vida é que há dois tipos de mentalidade: a escrava e a governante. E você vai ficar chocado com esta informação: eu calculo que 90% das pessoas tenham o tipo que precisa ser transformado. Tudo muda quando você toma a decisão de romper com as correntes do passado, confrontar medos e fragilidades, agir com autonomia e investir maciçamente em si mesmo.

Essas e outras decisões estão na sua mente. Seu destino está na força do pensamento para transformar o contexto em que vive. Talvez continue da mesma forma porque ainda não tomou a decisão necessária. O estoicismo, escola filosófica sobre a qual estudo bastante, fala de olhar para dentro e se fortalecer mentalmente, a fim de lidar de maneira inteligente com o lado de fora.

Vou ajudar você com isso destacando características que carecem dessa mudança de mentalidade, já que elas conduzem a maior parte das suas decisões individuais.

Conhecimento

Talvez um dos meus maiores erros no início da vida adulta tenha sido gastar com besteiras, em vez de investir dinheiro em conhecimento. Na juventude, comecei três faculdades, sendo a primeira de Administração, depois Contabilidade e por último Direito – e não terminei nenhuma. Hoje sei que ninguém nunca pode arrancar, roubar ou anular nossos aprendizados, e eles nos possibilitam traçar um caminho mais acertado para chegar aonde desejamos.

Investir em conhecimento é investir em si. Com esse pensamento, poderá ter renda extra ou ganhar muito mais com aquilo que faz. Na mentalidade escrava, a pessoa se vitimiza. Na governante, se capacita para ser criativa e encontrar as melhores soluções para os problemas.

Conheço muita gente que perde tempo se vitimizando e procrastinando. Constrói vários projetos na cabeça, mas não bota nada em prática. Por exemplo, uma grande minoria consegue, de fato, realizar durante o ano as famosas metas de Ano-Novo. Sabe por quê? Porque é preciso ter clareza de aonde se quer chegar e buscar o conhecimento necessário, aplicando foco e disciplina para criar constância no processo diário.

Exercício das perguntas inversas
Aprenda a fazer perguntas inversas às que muitos fazem e encontrará informações úteis para transformar sua mentalidade em relação a vários dilemas. É como abrir as portas para novos entendimentos, aprendizados, reflexões. Por exemplo, em vez de "Por que as pessoas usam drogas?", queira saber "Por que há pessoas que escolhem não se drogar?". No lugar de "Por que as pessoas sofrem?", a pergunta certa é "Por que existem pessoas que decidem não sofrer?".

Autoconhecimento

Criança ainda está formando uma identidade; adulto já tem uma e reconhece o que precisa melhorar em relação a ela. Qual é o seu caso? Saber quem você é de verdade ajuda a se libertar de comentários julgadores que não agregam em nada. Até quando você vai deixar que se intrometam na sua vida? Até quando vai se movimentar como um caminhão desgovernado? Pessoas de mentalidade escrava têm crise de identidade, não escolhem uma direção e são reféns da opinião alheia o tempo todo.

Digo com a maior tranquilidade que não ligo para o que o povo pensa de mim. Tenho consciência de quem sou e do que agrego às pessoas. Se alguém tem opinião diferente daquilo que eu realmente sou, não estou nem aí...

Pode reparar: pessoas que têm autoconhecimento não desejam ser ninguém além de si mesmas. E isso é libertador, porque acaba com aquela disputa invisível de ter que provar seu valor aos outros.

Todos nós enfrentamos uma pandemia por causa de um vírus. Depois entramos em outra, a "pandemia emocional", que fez muita gente se tornar carente. O maior sinal dessa crise de identidade é ficar mendigando atenção o tempo todo. Basta ver a quantidade de experts em alguma coisa na internet, que compartilham conteúdo raso e promessas mágicas, só para atrair seguidores. E sabe o que é pior? Muitos caem no golpe.

Quando alguém posta uma foto na rede social e recebe cinco comentários positivos e um negativo, vai responder a qual? Adivinha: ao negativo! Parece que aquilo a consome por dentro, e a pessoa tende a ficar com a emoção à flor da pele. Por quê? Insegurança sobre quem verdadeiramente é, que enfraquece o propósito. Agora, se essa pessoa fortalecer a mentalidade com autoconhecimento, sentirá segurança para tomar decisões mais adequadas.

É impressionante ver influenciadores (e dou esse exemplo por ser ativo nas redes sociais) tirando satisfação em suas páginas virtuais por algo que aconteceu ali. Dão sermão, como se prestassem contas da própria vida a uma soma de seguidores que nunca estiveram presencialmente com eles.

Vou dizer algo que serve para todo mundo: quando alguém aponta veementemente o dedo para o outro, acusando-o de algo, está fazendo uma confissão – não um apontamento – de que é infeliz e quer companhia. Já quem é feliz... vive. Sinto informar que a mentalidade escrava transforma pessoas em infelizes, em frustradas. Elas não conseguem olhar para dentro de si. E a melhor coisa que existe é você conhecer as próprias fragilidades para se fortalecer. É grande quem sabe que é pequeno, por isso cresce. E quem é pequeno achando que é grande precisa puxar o outro para baixo para se sentir maior.

Um bom começo é reavaliar diariamente seus hábitos, mesmo os pequenos, pois eles transformam sua identidade! Enquanto não trocar os ruins pelos bons, continuará com os mesmos resultados. Quando você entende isso, percebe que, a cada troca, ganha estímulo para mudanças mais complexas na sua realidade.

Tenho uma sugestão: comece a acordar mais cedo, para seu dia render mais. "Kaká, eu não consigo." Consegue! Só não está fazendo. "Ah, eu tento." Quem tenta não faz. Se eu tivesse apenas tentado escrever este livro, nem você nem ninguém estaria hoje lendo sobre como recalcular sua rota. Nós só temos duas opções: fazer ou não fazer. Não existe "tentar". Na teologia, que estuda a fé e as religiões, você vai encontrar: "Seja forte e corajoso", e não "Tente ser forte e corajoso". Ninguém tenta ser nada. Ou você é, ou não é.

Dinâmica para brecar maus hábitos

Aqui, a proposta é identificar os gatilhos, ou seja, perceber o que ativa sua vontade de praticar maus hábitos. Por exemplo, pode ser que você vá atrás de um cigarro quando toma café. Tem essa disciplina de não deixar passar a chance de fumar, bastando que sinta o aroma e o sabor da bebida. Só que a combinação frequente dos dois leva a uma dependência dupla. Sabendo disso, é possível usar a mesma disciplina para o efeito contrário, ou seja, evitar o gatilho e, assim, dificultar um mau hábito que vai afetar sua saúde ao longo dos anos.

Autoliderança

Com o autoconhecimento desenvolvido, você se fortalece para uma liderança inspiradora e eficaz, capaz de construir um ambiente positivo e de boas relações, motivando os envolvidos e alinhando propósitos. Essa competência começa com a capacidade de liderar a si mesmo, ou seja, a capacidade de gerenciar os próprios pensamentos e as emoções. Primeiramente, é importante refletir sobre suas ações diárias, para avaliar se elas servem de exemplo para enfrentar desafios e superar obstáculos, e se você está transmitindo com clareza princípios e objetivos de vida.

Nos próximos capítulos falaremos mais profundamente sobre ser líder em casa e na empresa, mas adianto que a liderança abrange cuidar de si mesmo. Mantendo um equilíbrio saudável entre trabalho e vida pessoal, valorizando a saúde física e mental, buscando concretizar sonhos e paixões... Tudo isso de modo a contagiar seus filhos, seus colaboradores, seus parceiros de negócios, para que também batalhem por uma vida plena e equilibrada.

Sem autoliderança, fica difícil dar direcionamento a mais alguém. Então, ative sua identidade e ponha na cabeça que pode (e deve) assumir o papel de líder em todas as áreas da vida. Eu adoro falar desse tema, sempre ressaltando que o verdadeiro líder forma novos líderes. Ele não se contenta em ter seguidores, que apenas o acompanham, afinal entende que seu maior legado é a capacidade de inspirar e capacitar outras pessoas a também se tornarem líderes por si próprias.

Ferramenta de planejamento pessoal

Estabelecer metas claras, realistas e mensuráveis e desenvolver disciplina e foco fortalecem a autoliderança, a autogestão. Use uma ferramenta fácil de encontrar na internet, por exemplo, a análise SWOT Pessoal ou o Mind Mapping (mapeamento mental), para identificar os pontos fortes, os pontos fracos, as oportunidades e as ameaças, e ainda organizar visualmente as ideias e criar um plano de ação pessoal. Você pode fazer isso sozinho ou em grupo, pedindo à família ou equipe de trabalho que faça o mesmo. Ambas as ferramentas ensinam cada um a ser responsável pelo seu desenvolvimento pessoal, analisando cenários e decisões por óticas menos óbvias e planejando estratégias para objetivos individuais ou coletivos. E que tal fazer de forma adaptada para crianças e adolescentes, focando desafios e metas?

Autocontrole

Sabe o que a pandemia emocional que vivemos hoje está fazendo conosco? Tenho a impressão de que estamos com medo de tudo e deixando que as emoções conduzam nossa vida. É como se tivéssemos colocado a paixão, a ansiedade, a euforia, a aflição etc. no banco do motorista. Eu alerto que é preciso botá-las de volta no banco do passageiro. Quer dizer, podem ou não caminhar com você, mas sem tomarem decisões no seu lugar. Se não tiver essa mentalidade, esse autocontrole, não vai conseguir se tornar uma pessoa bem-sucedida.

Você precisa ser estratégico, intencional. Não pode se deixar guiar pelas emoções, pois elas não têm competência para conduzir seus passos até seu propósito. Quem é dominado por elas nunca alcançará a verdadeira riqueza.

Eu tenho Deus no controle e racionalizo aquilo que precisa ser feito. Só assim tomo as decisões corretas e ajo com assertividade. Caso contrário, eu não conquistaria nem executaria meu propósito, seria um fiasco na vida. As emoções podem ser uma força poderosa, tanto positiva quanto negativa. Cabe a cada um fazer a gestão para não ser escravo delas, mas sim utilizá-las para enfrentar medos e superar obstáculos.

Por exemplo, para quem está com medo de ir atrás de um sonho, mesmo depois de ter estudado a melhor forma de alcançá-lo, eu sugiro ir "com medo mesmo". Afinal de contas, a coragem não é a ausência de medo. As pessoas bem-sucedidas agem apesar do medo. Quantos artistas ou palestrantes já confessaram sentir aquele frio na barriga antes de subir ao palco? Depois que sobem e iniciam o que se propuseram a fazer, percebem que o medo foi embora.

Dinâmica de confronto do medo com ação gradual
O enfrentamento gradual ajuda a dessensibilizar o medo e a construir confiança ao longo do tempo. Identifique um medo específico (de falar em público, por exemplo) e liste ações, partindo das mais simples para as mais desafiadoras, que podem ajudar você a enfrentá-lo. Comece a praticar a menos intimidadora e vá progredindo, à medida que se sentir mais confortável. No caso do medo de falar em público, pode começar praticando em frente ao espelho. Depois, para um pequeno grupo de amigos, e assim por diante.

Felicidade

Você pretende ser feliz um dia? Não vai ser. Felicidade não é ponto futuro. É ponto presente, e raramente aprendemos isso na infância. O mais comum é botarem na nossa mente ideias como "no dia que…", "quando eu crescer…", "se surgir uma oportunidade…". Você nem sabe se estará vivo amanhã. Não há garantia.

Felicidade não é algo para procurar ou esperar chegar. É decisão. Eu decido amar minha esposa a cada dia. Conhece alguém que está casado por ser obrigado?

Felicidade é uma busca constante, mas também uma condição provisória. "Como assim, Kaká?" Porque o mundo não impõe a condição de ser feliz todos os dias. Tem dia em que você vai acordar e se sentir triste – e está tudo bem. Só não pode se prender a esse e outros sentimentos negativos e parar de buscar a felicidade.

Felicidade também não é ausência de problemas. Eles existem para todo mundo, e não adianta fugir. A maneira como você lida com o problema é que faz toda a diferença. Quem tem

mentalidade governante é antifrágil, ou seja, foca a solução e se sente feliz porque conseguiu resolver.

Como toda criança, tive minhas fragilidades. O fato de eu ter sofrido dois abusos na infância gerou uma dor emocional que dificultou minha caminhada. Só que isso não foi o suficiente para me parar. O abusador era alguém próximo, como ocorre na maioria dos casos. Quase nunca esse tipo de crime é cometido por um desconhecido. E a criança, que é inocente, além de não distinguir a maldade nas intenções do ser humano, teme expor o abuso, seja por vergonha, seja por qualquer outra razão. Quando eu cresci, senti vontade de matar a pessoa. Depois, liberei o perdão (nem sei se ela ainda está viva). Hoje, falo disso com tranquilidade, porque é algo que foi completamente superado na minha vida.

O problema não é ter fragilidades e fraquezas; é não as reconhecer. Pois quando reconhece em que é fraco, você se torna forte. E eu digo mais: o poder de Deus se aperfeiçoa em nossa vida pelas nossas fraquezas. Ele tem a força de que precisamos.

Exercício dos *small steps*

A técnica de quebrar um objetivo importante em *small steps* (pequenos passos) faz com que a soma das pequenas conquistas gere grandes resultados, trazendo a satisfação da realização durante o trajeto e ao fim dele. É uma maneira de ressignificar várias crenças, e automaticamente você verá que é infinito o patamar a que pode chegar. Só depende de você.

O exercício é simples: escolha algo que deseja (e seja alcançável) e "quebre" em pequenos passos vitoriosos, para treinar seu cérebro a buscar conquistas, a se sentir merecedor, a se automotivar.

Digamos que você quer se tornar um leitor assíduo. Eu consigo devorar duzentas páginas de um livro que me interessa em três horas, porque meu cérebro está treinado para isso. Se o seu não está, pode se comprometer a ler uma ou duas páginas por dia, e assim vai vibrar depois de atingir a meta proposta.

Saúde e bem-estar

Cuidar da saúde física e mental deve ser uma prioridade. Ponto. Não é preciso dizer muito. Sem saúde, todas as outras áreas da vida ficam comprometidas. Se tem deixado a sua de lado, a partir de hoje decida incluir no seu dia a dia práticas de bem-estar que promovam longevidade e qualidade de vida. No começo, vai ser bem difícil, mas nunca é fácil para ninguém. A preguiça bate à porta do quarto. Seu corpo vai pedir para ficar na cama. Mas basta cumprir os cinco primeiros minutos de caminhada que você começa a entrar no ritmo. Repetindo a atividade várias vezes, você criará o hábito e se acostumará com ele.

Aos 15 anos, você sonha em treinar para ter um corpo escultural, mas ainda é jovem para isso. Entre os 20 e 30 anos, entra na fase de treinar por saúde e estética. E tudo é mais fácil nessa idade, pois o metabolismo é acelerado. Dos 30 em diante, é o início da "descida da ladeira" – ou seja, o metabolismo desacelera, e tudo parece ficar mais difícil. Só que a saúde importa *muito*, e a estética agradece. Vale pensar que, independentemente da idade, a prática de exercícios e a boa alimentação aumentam a expectativa de vida. Foque, mexa-se e viva mais.

Ferramenta para rastrear hábitos

Defina diariamente pequenas metas para adquirir hábitos saudáveis em busca da sua transformação. Ideias: preferir a escada ao elevador ou à escada rolante, ampliar a variedade de frutas e de vegetais na rotina diária, hidratar-se mais, optar por alimentos menos calóricos. Marcar anualmente exames preventivos e checar quais reforços de vacina precisam ser tomados são atitudes complementares. E, claro, faça algum tipo de atividade física, optando por algo que dê prazer e que não seja difícil (não adianta se matricular em uma academia maravilhosa, mas longe de casa, por exemplo). Depois de conquistar essas pequenas vitórias, aumente gradativamente, no seu tempo. Há ferramentas analógicas ou digitais, como o Habit Tracker (rastreador de hábitos), que ajudam a monitorar os comportamentos desejados de modo que se tornem hábitos, já que incentivam registrar tudo o que fez ou deveria ter feito.

Autorresponsabilidade

Muitas vezes, aquilo que desejo exige uma decisão difícil, e fico em cima do muro, porque vai me tirar da zona de conforto e há o risco de não dar certo. Por exemplo: ser líder é difícil, mas ser liderado também. Ser casado é difícil, mas ser solteiro também. Quem tem mentalidade governante analisa os dois lados da situação e faz uma escolha, vivendo as consequências.

Eu gosto de lembrar que Deus nos dá livre-arbítrio. Para quê? Para escolhermos com quais consequências queremos lidar. Se estou dentro de um prédio de dez andares e resolvo pular lá do alto, escolhi minha consequência. Não dá para pular e no meio do caminho dizer: "Estou arrependido, vou voltar atrás e mudar meu caminho". Ninguém me obrigou a pular.

Imagine que, no início do mundo, Deus tinha dois funcionários. Quem eram eles? Acertou se respondeu Adão e Eva. Uma empresa (mundo) criada do zero absoluto. Eu fico imaginando esse grande líder explicando a eles que estavam na semana do compliance e avisando que podiam agir da forma que desejassem, desde que cumprissem uma única regra: não comer o fruto. Só que o casal desobedece e come o fruto proibido; e, quando é chamado por Deus para ir ao RH, Eva ainda culpa a serpente. Já Adão transfere a responsabilidade para Eva.

Desde que o mundo é mundo, o caminho mais fácil é transferir para os outros aquilo que é responsabilidade única e exclusivamente nossa. É uma característica da mentalidade escrava. Eu era assim. Durante muito tempo, não assumia nada do que fazia e sempre culpava alguém. Tenho certeza de que você conhece gente assim. Lembre-se: quem procura culpados não encontra respostas.

A autorresponsabilidade é o fundamento para qualquer mudança significativa. Precisamos tomar decisões que nos aproximam do nosso propósito de vida e viver as consequências, pois só assim nos tornaremos agentes da própria transformação.

Exercício das perguntas poderosas

O objetivo é refletir sobre as próprias ações e decisões, promovendo a autorresponsabilidade. Reserve um momento no fim de cada dia ou semana para responder às seguintes perguntas com honestidade e sem culpar fatores externos:

- O que fiz hoje que me aproximou dos meus objetivos?
- O que deixei de fazer que poderia ter me levado mais longe?
- O que posso fazer de diferente amanhã para melhorar meus resultados?
- Quais fatores externos estou culpando e como posso assumir responsabilidade por isso?

Com este exercício, você reconhecerá em quais aspectos melhorar suas atitudes. Ele faz com que você crie um hábito de reflexão e traz clareza sobre como suas ações impactam diretamente seus resultados. Como você é o autor do seu destino, também é o único responsável por virar a página e escrever uma nova história.

Para finalizar o capítulo, responda a estas perguntas:

1. O quanto você tem sido responsável pela sua transformação, sem terceirizá-la aos outros?

___

___

___

2. Qual é a mentalidade que mais limita você hoje e que precisa ser ressignificada?

___

___

___

3. Você se considera uma pessoa que tolera mais do que deveria? Em que aspectos isso acontece?

4. Que hábitos, pensamentos ou relacionamentos você precisa deixar de tolerar imediatamente?

5. O que impede você de assumir 100% da responsabilidade sobre a sua vida hoje?

6. Como você pode, na prática, se tornar uma pessoa que inspira transformação nas pessoas à sua volta?

7. Você está disposto a se tornar o líder da sua própria vida, independentemente do que aconteceu no seu passado?

____

____

____

____

Anote: você é o único responsável por aquilo que faz, pois a plantação é uma escolha, mas a colheita é uma obrigação.

Reflita: se você tenta mudar, mas sempre acaba voltando para o mesmo lugar, será que é mesmo uma coincidência?

CAPÍTULO 5

FORTALECIMENTO DA FAMÍLIA, DO AMBIENTE E DAS CONEXÕES

Eu posso dizer que sou bem-sucedido em todas as áreas da vida porque sou bem-sucedido na gestão familiar. Ter um casamento inabalável me fortalece de um jeito que me engrandece. E é gratificante ver que, quando alguém pesquisa no Google sobre Kaká Diniz e Simone Mendes, na primeira ocorrência já aparece: "casal bem-sucedido". É essa a visão que as pessoas têm do nosso relacionamento. Somos uma referência positiva, e aqui vou explicar que existe uma caminhada para conquistar esse patamar.

Digo e repito: não somos perfeitos, e ninguém é. Porque perfeito, em latim e em grego, significa "feito por inteiro, por completo", e todos nós sempre temos algo a aprender. É perceptível: fazemos o nosso melhor em busca da perfeição e de chegar o mais próximo dela. Cometemos deslizes? Sim. Temos nossos momentos de discussão, de discordância, problemas. Mas um detalhe faz a diferença: resolvemos juntos!

Honestamente, com base em tudo o que já vivi e construí, falo que só há duas conexões que não posso perder de jeito nenhum: com Deus e com minha família. Casamento é uma decisão diária – de lutar por essa comunhão a dois e com nossos filhos, criando um porto seguro para outras áreas da vida. "Kaká, como é que se estrutura uma família bem-sucedida?" A resposta começa pelo fortalecimento da conexão saudável entre esposa e marido, com laços impossíveis de serem partidos, como explicarei a seguir.

TENHA UM CASAMENTO INABALÁVEL E UMA FAMÍLIA BEM-SUCEDIDA

Entendo como é importante investir no relacionamento conjugal, eliminando alternativas que enfraqueçam esse compromisso, então coloquei o casal no centro da figura que criei para explicar como constituir um casamento inabalável e uma família bem estruturada. Trata-se de uma representação, em forma de círculo, que demonstra, que, para isso, é necessário disposição e foco, como em um trabalho de crochê. Se um fio não estiver bem colocado e for puxado, todo o resto pode desfiar. Qualquer descuido ou negligência nos sete aspectos a seguir é igual a puxar o fio que desfaz todo o trabalho artesanal. E não é de uma vez que isso acontece, mas aos poucos.

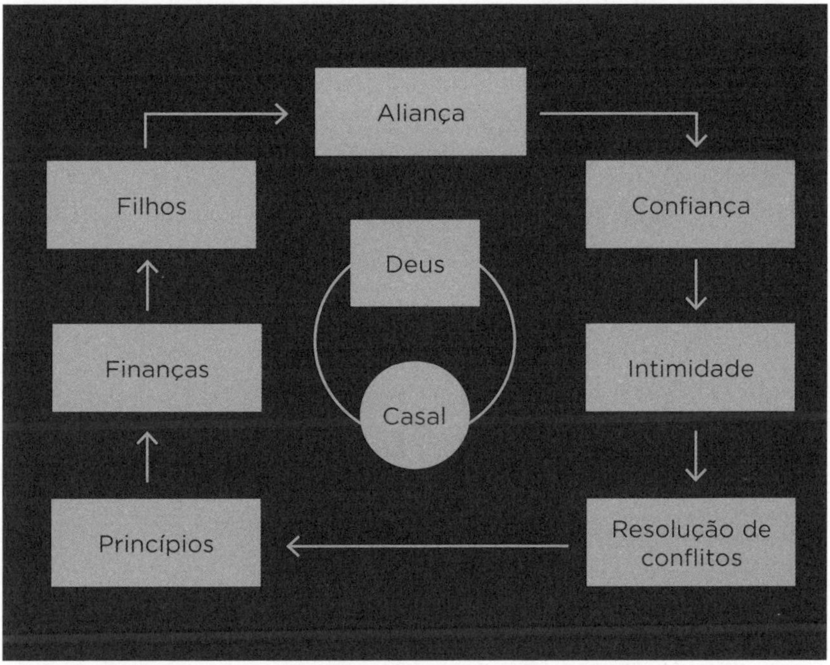

É impossível ter uma família bem-sucedida se esse esquema não estiver estabelecido e integrado na prática. Parece muita coisa, mas são aspectos que, no dia a dia, se deixados de lado, causam uma confusão na vida. Então, preste bem atenção para entender como caminhar pelo circuito, testado e aprovado por mim e por muitos de meus mentorados.

Primeiramente, o casal precisa estar conectado com Deus. Ele representa a força de ligação com os sete aspectos do circuito. Dá equilíbrio, direcionamento para o bem e capacitação aos dois para superarem problemas juntos. Deus é a maior expressão do amor, protege sua casa, blinda seu relacionamento e muito mais. Eu não sei se você acredita ou não nessa bênção divina, mas ela existe – e aprofundarei sobre a importância da espiritualidade no capítulo 7.

A partir da conexão com Deus, vem a aliança. *Alligare* em latim, que significa "ligar-se a". E deve ser infinita, sem fim. Olhe para a aliança no seu dedo, se usar uma. Por mais que você procure um fim, não encontrará. Ela simboliza que dois seres humanos concordaram em amar e respeitar um ao outro. Quando me casei com Simone, fiz uma aliança com ela, um pacto. O que é um pacto? É quando eu estabeleço regras para poder conviver com outra pessoa como uma só carne. Qual é o problema de muitos casais hoje em dia? Casar-se com um plano B ("Se não der certo, separo").

Lembra-se de quando eu disse que a mente é a central de criação da nossa realidade? Não tem como você viver uma vida conjugal positiva se sua mente estiver permeada de pensamentos negativos. Simone e eu costumamos expressar o que queremos um do outro e da nossa união. É como um projeto de arquitetura, em que você decide como quer distribuir os cômodos, os materiais... Isso é comunicação ativa, sem esperar que a outra parte adivinhe nossas expectativas – até porque isso não vai acontecer.

Segundo ponto de um casamento bem-sucedido: confiança, a espinha dorsal do relacionamento. Preste atenção nisto: você não tem relacionamento bem-sucedido com alguém em quem não confia. "E o ciúme, Kaká?" Assumo que já fui muito ciumento. Simone é cantora, e eu não suportava ver outros homens na beira do palco mandando beijos e fazendo outras gracinhas para minha esposa. Principalmente porque fiz esse tipo de coisa quando era solteiro. Eu fui o cara da plateia que, depois de beber além da conta, ficava paquerando cantoras e bailarinas enquanto elas se apresentavam.

O ciúme ativa e embaralha áreas do cérebro ligadas ao raciocínio e às emoções, como o córtex pré-frontal. É como uma droga, sendo que na segunda vez vem mais forte. Na terceira, você começa a desconfiar da sua esposa; e, na quarta, desconfia de todo mundo que está ao redor dela. Não demora até começar a imaginar situações de traição e a acreditar nelas. Um dia, decidi acabar com aquele sofrimento. Pesquisei o que a neurociência diz sobre ciúme, para entender como funciona, e assisti a uma pregação religiosa esclarecedora.

Eu poderia escrever páginas e páginas sobre esse sentimento destruidor de relacionamentos, que quebra a confiança na pessoa que você ama, faz perder o respeito e a admiração. Quando eu entendi o mal que me fazia, deixei uma mensagem de madrugada para Simone, que terminava assim: "A partir de hoje, nunca mais vou ter crise de ciúme".

Acrescento que confiança é via de mão dupla. Simone sabe que eu seria incapaz de olhar com segundas intenções para outra mulher, e vice-versa.

Terceiro ponto é a intimidade. Para manter uma conexão íntima, eu não economizo palavras amorosas, junto a pequenos gestos carinhosos. E capricho ainda mais naqueles dias em que vamos namorar mais tarde. É uma regra boa para o casal se encontrar na cama à noite cheio de desejo, feito brasa de fogão a lenha, que vai acendendo ao longo do dia. Bem diferente do acendimento instantâneo do fogão elétrico, que faz mais o estilo do homem, mas geralmente não funciona com a mulher.

Eu preciso ter essa conexão de corpos com ela ao menos uma vez na semana. Sexo é importante no relacionamento a dois. Ou então o relacionamento vira amizade. Os hormônios pedem. É prazeroso, desestressante, lúdico, faz parte da natureza humana. Sempre com respeito e apreciação mútua. Você não terá prazer e vontade todos os dias, e está tudo certo. Intimidade não quer dizer apenas sexo. Tem a ver com atenção, carinhos espontâneos, troca de elogios, escuta ativa. Inclui conversar, saber do que a pessoa gosta e não gosta.

Por que a pornografia entra na vida de muitos casais? Porque a pessoa, de alguma forma, precisa satisfazer o próprio desejo. E aí, quando a intimidade não é cultivada, a própria mão pode se tornar mais prazerosa do que o sexo a dois. Expor-se com frequência a conteúdos pornográficos atrofia partes do cérebro, deixando-o menos eficiente.[6] É um vício como todos os outros, só que às escondidas, com efeitos devastadores para a família inteira.

Aliança, confiança, intimidade... e depois vem o quê? Princípios! São regras que você determina para a vida conjugal. Se minha esposa estiver em casa, eu não saio para jantar sem ela. É uma regra. E o que mais? Levo meu filho para a escola todos os dias, para ter esse momento de comunhão com ele. Outro princípio: nos domingos em que a Simone está em casa, vamos à igreja. Caso contrário, assistimos ao culto na segunda-feira. E tem mais: uma vez por semana, no mínimo, saímos para jantar só nós dois.

Nesses jantares falamos das nossas dores e alegrias, resolvemos alguma rusga, nos divertimos juntos. Tem coisas que você não precisa

---

6 EXCESSO de pornografia faz o cérebro regredir a um estágio infantil. **Estado de Minas,** 26 abr. 2023. Disponível em: www.em.com.br/app/noticia/saude-e-bem-viver/2023/04/26/interna_bem_viver,1486087/excesso-de-pornografia-faz-o-cerebro-regredir-a-um-estagio-infantil.shtml. Acesso em: 16 mar. 2025.

conversar na cama, que é o templo do descanso, do carinho, da brincadeira dos pais com os filhos antes de eles dormirem. É o momento de você fazer um carinho na pessoa amada, de ter vida sexual, e não de despejar problemas do trabalho, de dizer palavras negativas e de descarregar sua tensão no outro, a quem prometeu amar. Se você só descarrega coisas negativas o tempo todo, o que acontece? O seu casamento vira um aterro sanitário do tamanho do mundo.

Recomendo que você faça acordos com seu parceiro ou sua parceira, estabeleça regras para a vida em comum e assuma o compromisso de não os quebrar. Princípios são inegociáveis. Faça chuva, faça sol, é naquele dia, da forma combinada, estando 100% presente. Pelo menos a cada quinze dias, reserve um tempinho para conversar com seu marido ou com sua esposa sobre o cumprimento das regras que vocês mesmos estabeleceram. E, assim, garanta tempo de qualidade com sua família.

Outro princípio que não quebro jamais: dizer palavras de afirmação (por exemplo, "este dia vai ser próspero" e "Deus está me guiando nas decisões que tomarei hoje, e serão para o bem de todos"), todos os dias, de preferência assim que acordo. Isso inclui elogiar o esforço do outro, seja esposa, seja filho, para incentivá-los a manter a atitude positiva.

Certa vez, eu aconselhei Simone a estar mais presente nos canais virtuais, mostrando um pouco mais da sua rotina, pois ela estava postando só sobre trabalho, e os seguidores queriam conhecer melhor a pessoa, além da cantora. Assim que vi um post nessa linha, mandei uma mensagem: "Parabéns, amor. As pessoas gostam de ver seu dia a dia". Nesse mesmo dia, fiz elogios, fui até ela para dar um beijo. Além de gostar de expressar o meu amor, estava preparando o terreno para ter uma noite maravilhosa, que todos os casais merecem ter.

E sabe o que é melhor? Entre a intimidade e os princípios, o casal pode resolver a maior parte dos conflitos. Porque há diálogo. Se vocês não se escutam, alguém de fora vai se oferecer para isso, enfraquecendo o elo. Fique atento e abra espaço para conversas íntimas, para ouvir as preocupações e os interesses do outro, para discutir abertamente sobre diversos temas. Isso é demonstração de respeito pelas opiniões alheias e encoraja o desenvolvimento de um pensamento crítico e independente. Esse tipo de interação fortalece os laços familiares e, se praticada também com os filhos, pode prepará-los para enfrentar o mundo com mais confiança.

Finanças também entram nessa equação da família bem-sucedida. Muitos casamentos terminam por causa de problemas financeiros. Enquanto o casal namora, tudo são flores. Você gasta com um jantar romântico aqui, impressiona com um passeio diferente ali, não economiza nas surpresas... Quando vocês se casam, precisam manter um teto seguro e confortável, talvez um carro que não quebre facilmente, um trabalho estável para poderem criar filhos... Aí a coisa começa a desandar porque não existe um planejamento financeiro.

Anote isto: é na dificuldade financeira que você será testado no amor. Mais do que sentimento, amar é decisão. E você não decide amar quando está tudo bem. Você decide amar mesmo quando parece que vai tudo mal, quando bate a vontade de sumir, mas seu amor é maior e mais importante do que a raiva ou angústia que sente. E aí você chama a outra parte para uma conversa ativa e, juntos, entram em um acordo sobre como superar a situação.

Você ama quando estende a mão e puxa o outro do fundo do poço. E quando faz um elogio certeiro, que aquece um coração. Vou falar uma coisa para você. Se tem algo que não mudou no meu relacionamento é a forma como eu enxergo a Simone. A primeira gravidez trouxe um aumento de 25 quilos no peso dela, abalando sua vaidade como mulher. Só que eu sou tão apaixonado pelo que ela representa e por quem é que continuava achando-a linda – e eu sempre repetia isso.

Quando nos casamos, graças a Deus tivemos a maturidade de conversar sobre nossos papéis no relacionamento, e acordamos que eu faria a gestão do dinheiro. Simone havia pagado uma entrada de dois apartamentos que estavam em construção, só que não tinha o suficiente para quitá-los quando ficassem prontos, no prazo de um ano. Devia aproximadamente meio milhão de reais. Só que ela fazia shows, e eu tinha meu escritório. Mesmo assim, estava tão assustada e estressada que esses sentimentos refletiram no nosso relacionamento. Então, propus o seguinte:

— Vamos construir um planejamento financeiro, para não precisarmos financiar a dívida. Vamos conseguir quitar isso com recursos próprios.

Conviver com problema financeiro tira a pessoa do seu equilíbrio emocional, dificultando que perceba a solução. Há quem passe a ficar intolerante com tudo, até consigo mesmo. E aí começa a buscar o quê? Culpados para justificar o que está acontecendo.

Fiz um planejamento com Simone. Todos os meses, juntávamos uma quantia X. Tínhamos um carro quase sem serventia, mantido só por vaidade. Vendemos. Em menos de um ano reunimos o montante para quitar os dois apartamentos. O que foi isso? Alinhamento financeiro no relacionamento com boa gestão de recursos. Não adianta você achar que a mulher e o homem vão administrar dinheiro da mesma forma. As decisões devem ser conjuntas, inclusive de quem fará a gestão. Não pode ser o mais "gastão" ou ruim de contas, por exemplo. Isso deve ser um acordo consciente.

Para uma boa gestão financeira de recursos, os dois precisam estar bem alinhados a partir do diálogo e da divisão de papéis no casamento, para não serem dois líderes com pensamentos distintos. Um levantamento do Instituto Brasileiro de Geografia e Estatística (IBGE) mostrou que 57% dos casamentos terminam por discussões referentes a dinheiro.[7] Então, não deixe as dívidas destruírem o seu relacionamento, jogando fora tudo o que foi construído.

O mais comum é alimentar o problema e procurar um culpado, o que só faz o problema se agravar, em vez de focar a solução. Só que, quando se olha demais para o gigante, acaba tropeçando nele. Já quando olha para a solução, quem tropeça é o gigante. **Falar sobre dinheiro, ainda hoje, é tabu nos casamentos. Aprenda uma coisa: não existe dinheiro do homem e da mulher. Se o casal fez uma aliança verdadeira, há confiança, intimidade e a mentalidade de que o dinheiro é dos dois.**

Eu ganhava muito mais do que a Simone no começo da carreira dela. Depois, passei a ganhar muito menos em relação ao que ela estava ganhando como cantora de sucesso. Não é uma gangorra, em que ela está bem e eu estou mal, alimentando essa luta constante. Quando casamos, olhamos um para o outro e fizemos este acordo: "Ó, a partir de hoje eu subo e te puxo, você sobe e me puxa". Eu sou escada para o crescimento dela, ela é escada para o meu. E a gente se espelha, para um poder alavancar o outro. Não existe disputa.

---

7 DIAS, C. Casamento e dinheiro: a conta que fecha só com a capacidade de diálogo. **Rede 89**, 30 maio 2023. Disponível em: rede98.com.br/98/artigos/casamento-e-dinheiro-a-conta-que-fecha-so-com-a-capacidade-de-dialogo. Acesso em: 13 mar. 2025.

Se os dois traçam um bom planejamento financeiro, com planos, estratégias, sonhos e decisões conscientes de como vão aplicar o que ganham, fazem com que o dinheiro deixe de ameaçar tudo de maravilhoso que há no relacionamento. Não existe marido ou mulher abarrotar sua conta bancária de dinheiro e viajar de jato, enquanto a outra parte sofre com cheque especial e anda a pé.

Criar filhos é uma oportunidade para deixar legado. Precisamos educar de uma maneira que eles cresçam com valores sólidos e capacidade de prosperar, apesar das influências negativas do mundo. Vejo uma legião de pais bastante perdidos. Não são as crianças que estão dando trabalho; são os adultos. Assim, destaco três princípios essenciais na criação de filhos:

1. **Limites claros**, para que saibam até onde podem ir.
2. **Comunicação assertiva**, para haver conexão com a verdade.
3. **Exemplos práticos**, porque eles aprendem com o que fazemos, não só com o que falamos.

A maioria dos pais ignora isso e acaba percebendo tarde demais. Mas quem entende e aplica esses princípios dentro de casa tem muito mais chances de criar filhos responsáveis, respeitosos, obedientes, educados, disciplinados. **Lembre-se: trabalhe pelo futuro de seus filhos sem se esquecer de viver o presente com eles.**

Para os pequenos, pai e mãe são mais importantes do que todos os personagens da Disney, da Pixar, da Marvel juntos; os artistas e influenciadores mais carismáticos do mundo; um universo inteiro de Hot Wheels ou unicórnios. Eles não estão nem aí para *O fantástico mundo de Bobby* nem para *Hello Kitty* se são convidados a brincar com os pais.

Sabe por que os filhos grudam os olhos na tela de um telefone? Porque a tela está disponível 24 horas por dia, 365 dias no ano. A ausência do pai e da mãe, e consequentemente a falta de um tempo de qualidade em família, aumenta a procura pelo telefone. Culpamos a geração de hoje pelo uso abusivo de meios eletrônicos, só que os pais são muito mais dependentes e se comportam de maneira negligente na criação dos filhos.

A tecnologia faz parte da vida de todos, só que deve ser utilizada com consciência e regras, incluindo restrição para tempo de uso do celular. E, se houver algum deslize – como quando meu filho comprou itens em jogos on-line com meu cartão de crédito, que estava cadastrado –, encare como uma oportunidade para ensinar como ele mesmo pode recalcular a rota. No meu caso, confisquei o aparelho e expliquei que meu amor continuava igual, mas que a confiança havia sido quebrada. Ele precisou lutar para reconquistá-la, sendo ainda mais obediente, entre outras consequências que vou contar no capítulo 6.

Com 9 anos de idade, Henry já fazia lives aos domingos, com a minha supervisão, para falar com outras crianças sobre estudar para ter um futuro melhor e ser obediente aos pais. YouTube, Instagram, TikTok passam longe da rotina dele e da Zaya, porque ou estão conosco, ou estão fazendo atividades saudáveis para a faixa etária deles. Naturalmente, não sabem qual é a dancinha do momento, a trend, igual a um bocado de crianças. A verdade é uma só: se eu não os educar com as regras que acredito que são para o bem deles, os colegas de escola vão ensinar *sei lá o quê*. Se eu não ensinar o caminho que devem seguir, sabe-se lá o que a vida ensinará.

Se Henry estiver perto de alguém que usa drogas ilícitas, sabe que é ruim e vai sair de perto. Ele não vai se associar a pessoas que não servem para ser referência dele. Sabe o que é isso? Pai e mãe presentes, com tempo de qualidade. Entre dar presentes ou eletrônicos na mão, avisando que podem fazer o que quiserem, e chamar para brincarem um pouco conosco antes de dormir, não preciso dizer que vão pular em cima da gente na cama, felizes da vida.

Tem filho que prefere estar na casa do vizinho, porque naquela família provavelmente recebe mais atenção do que na própria. Os meus largam o mundo e vêm ficar comigo. Nesse tempo de qualidade, considero as necessidades individuais de cada um. Por exemplo, Henry é sete anos mais velho que a irmã. Temos conversas que a Zaya ainda não tem maturidade para acompanhar. Não tratar todos os filhos da mesma maneira é mais um ajuste que você pode fazer, para ter mais sabedoria na forma de conduzi-los para o futuro que vão viver.

CONSTRUA SUA PIRÂMIDE FAMILIAR

Recapitulando: o ponto de partida é a conexão com Deus. A aliança é o acordo que você faz, e isso gera confiança baseada no respeito e na admiração. Depois, vem cultivar intimidade e definir os princípios que regem esse lar. O alinhamento financeiro é inevitável. Até que chegam os filhos... E aí começa seu papel indelegável de educá-los com os princípios necessários para que sigam o caminho do bem, sejam bem-sucedidos e formem, no futuro, a própria família inabalável. Que assim seja!

O casal que se empenha em manter ativo todo esse processo terá progressos tão visíveis na família que poderá construir uma pirâmide como esta a seguir, com valores e características que representam a sua casa, o seu templo sagrado.

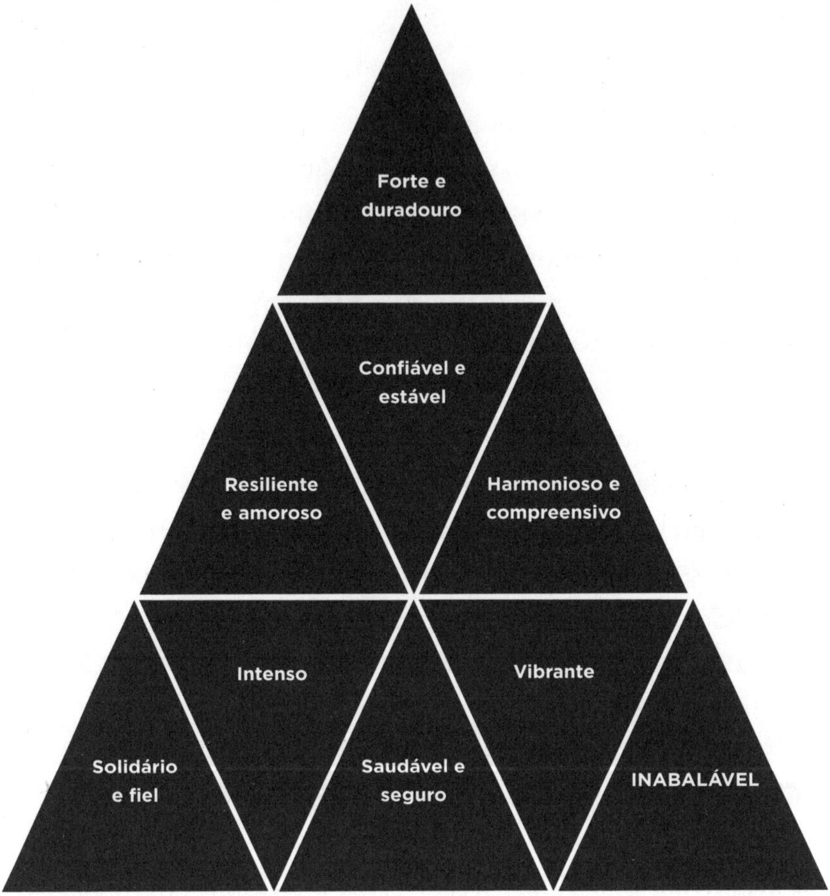

Uma pirâmide forte, duradoura, resiliente, resistente. Um lar amoroso, que inspire seus filhos a, no futuro, formarem uma família igualmente amorosa. E confiável. Também um local estável e harmonioso, onde as pessoas entram e sentem uma energia diferente. Se fosse possível você vir à minha casa, entenderia na prática o que é ter um lar habitado pelo Messias e por uma família bem-sucedida. É comum eu ouvir das pessoas que nos visitam sobre a paz e a boa energia que sentem ali – as mesmas que me fazem querer voltar logo do trabalho, todos os dias. Meu lar é onde me reconecto com minha natureza e com minhas maiores riquezas: minha esposa e meus filhos.

Brincamos juntos, muitas vezes de Ludo, que é um joguinho que adoramos. Zaya me pede para passar batom na boca dela, ou então fazemos sessões caseiras de cinema com pipoca. Eu sou comprometido com minha família e recomendo: lute pela sua, não deixe que ela fracasse. Quando você entende o sentido dessa pirâmide e gera o mapa mental de uma família bem-sucedida, entende o valor de estar em um lugar seguro. O mundo externo não consegue destruir isso.

Esse lugar também é solidário e fiel, pois um tem compaixão pela dor do outro, e todos se apoiam da maneira que podem. É intenso no amor, na cumplicidade, na doação de alegria. **Sobretudo, é um lar vibrante, em que todas as energias estão canalizadas e as ações são direcionadas para que a família seja INABALÁVEL.**

VALORIZE AMBIENTES E CONEXÕES SAUDÁVEIS

Dinâmica do quadro dos valores familiares

O objetivo é definir, fortalecer e praticar os valores e princípios familiares de forma clara e objetiva, tornando-os uma base sólida para o comportamento das crianças e para a união de todos. Mais do que uma ferramenta visual, é uma prática contínua que ajuda os filhos a internalizar e viver de acordo com princípios sólidos. Isso fortalece a moral e a ética deles, criando um ambiente familiar de respeito, amor e crescimento mútuo.

- **Reúna a família** para uma conversa sobre a importância de viver de acordo com valores e princípios. Explique, em uma linguagem que seus filhos entendam, que todos dirão os valores que consideram mais importantes para a vida em família (por exemplo, respeito, honestidade, compaixão, gratidão, responsabilidade), explicando o porquê. Em seguida, selecionem de cinco a sete valores que representarão a base dos princípios dessa família.

- **Defina práticas concretas e cotidianas** associadas a cada um desses valores principais. Por exemplo, para respeito, "tratar todos com gentileza e escutar sem interromper"; para honestidade, "falar a verdade, mesmo quando for difícil"; e para responsabilidade, "cuidar das tarefas de casa ou dos estudos com compromisso".
- **Crie um quadro visual** (em um cartaz, uma lousa ou um quadro digital), escreva os valores em destaque e, abaixo de cada um, as práticas correspondentes. Coloque o quadro em um local visível da casa, para que toda a família veja e se lembre dos valores diariamente.
- **Faça reuniões periódicas de revisão.** Podem ser breves, para avaliar como a família tem vivido os valores. Você pode perguntar a todos como os valores têm sido praticados e como cada um pode melhorar. Se necessário, reforce as práticas e incentive a continuidade.
- **Celebre as vitórias e os aprendizados.** Quando os filhos demonstrarem os valores, elogie o empenho. Isso ajuda a reforçar o comportamento positivo. Se surgirem falhas, use esses momentos como oportunidades de aprendizado, discutindo como melhorar, sem julgamento.
- **Benefícios:** 1. Por participarem na criação do quadro, todos se sentem responsáveis por viver de acordo com aqueles

valores. 2. As crianças têm uma visão clara dos valores que a família cultiva 3. As reuniões semanais permitem reflexões contínuas e correções de curso, tornando os valores parte do cotidiano.

Não se posicionar e não compreender esse tema pode ser determinante para ter sucesso ou fracassar em seu relacionamento conjugal e na criação dos filhos, assim como em outras áreas, como a do trabalho. Ambientes e conexões saudáveis aumentam sua qualidade de vida e seu bem-estar, e isso faz total diferença no seu emocional, na blindagem do seu casamento e na preservação das outras áreas prioritárias.

Será que, fora do âmbito familiar, os demais relacionamentos que você mantém realmente agregam valor? Ou você precisa se afastar de pessoas que sugam sua energia e se conectar com outras que estejam mais alinhadas a seu propósito? Como se livrar de companhias que fazem você procrastinar, perder o rumo e se distrair do seu destino? Como se conectar com as que vão ajudar na sua caminhada?

Precisamos aprender a nos relacionar com quem nos faz bem, por mais que essas pessoas estejam em um patamar acima do nosso. Às vezes, ficamos com medo de sermos mal interpretados. "Kaká, eu quero isso, mas fico com medo de as pessoas me acharem interesseiro, por eu não estar em uma fase boa." Pense que não é com mar calmo que se faz um bom marinheiro. Parece uma tempestade, mas é para que você se fortaleça e passe para o próximo nível, como foi com muita gente bem-sucedida.

Momentos de dificuldade também fazem com que enxerguemos e valorizemos as pessoas que nos apoiam ou que têm algo a nos ensinar – e se devemos nos sentar a outras mesas! Até porque coisas ruins que acontecem conosco podem ser causadas pelo ambiente em que estamos inseridos. Dificilmente alguém vai do ponto A (onde está) para o B (realizando seus objetivos, evoluindo) sozinho. Então, escolha bem as pessoas que serão importantes para impulsionar sua caminhada. Para isso, indico quatro passos.

Primeiro passo: analise seu ambiente atual. Para entender se vai ajudá-lo a alcançar o ponto B, ou se vai enterrá-lo no ponto A. Você está perto de pessoas que passam positividade e que colaboram de algum modo para seu crescimento? É um ambiente sagrado, alegre, empreendedor, espiritualizado? Ou é egoísta, pesado, tóxico, que só desestimula e critica? Tem gente que, por dependência emocional, passa anos convivendo com as mesmas pessoas, que só o colocam para baixo.

O ambiente em que está molda quem você se torna. Como eu acredito nisso, nunca quero gente com pensamentos e comportamentos negativos perto de mim. E fujo das "ervas daninhas" que reclamam de tudo. Procuro estar com quem foca a solução, não o problema.

Segundo ponto: identifique pessoas-chave para seu sucesso. Pode ser alguém do seu meio ou não, mas com quem seria bom conviver, porque agrega valor à sua vida de alguma forma. Que o desafia a ser melhor todos os dias.

Escreva o nome desta pessoa que é uma boa referência para você:

____

Tem mais algum nome?

____

Eu sou uma pessoa-chave para Simone, principalmente no seu processo de deslanchar na carreira solo. Ela também é uma pessoa-chave para minha carreira como empresário. Por mais que eu tenha no meu currículo vários negócios bem-sucedidos, trabalhando com artistas que eu ajudei a ter renome, conseguir que a Simone se consagrasse como cantora me coloca numa posição maior. Esse é o melhor dos mundos, porque crescemos juntos.

Procure se relacionar com pessoas que refletem quem você quer ser, para que dê alguns passos além e se orgulhe deles. Quer ser um bom pai? Encontre uma pessoa-chave que é um bom pai e que vai transmitir a você ensinamentos sobre paternidade. Quer ser um bom empresário? Eleja alguém que já empreende com sucesso no seu ramo de negócio.

Além das boas relações atuais, com quem mais você quer se conectar?

____

____

____

Terceiro passo: cultive esses relacionamentos saudáveis. "Como eu faço isso?"

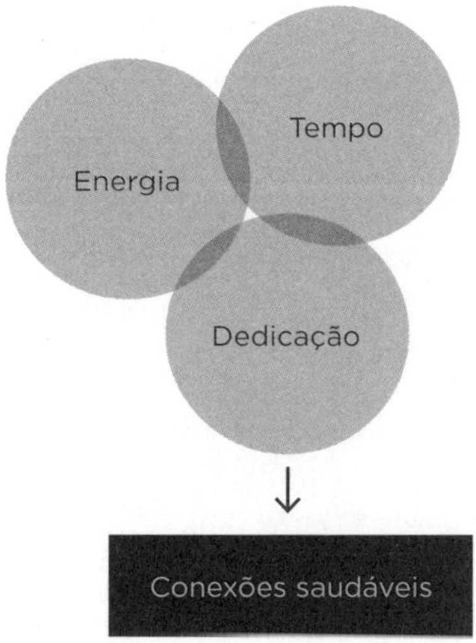

Quando se aproximar de pessoas boas, que querem crescer com você e que tenham energia positiva, dedique tempo a elas. Tempo, energia e dedicação são fundamentais, porque pessoas bem relacionadas sempre se colocam numa posição de dar atenção, muito mais do que recebem. Elas sabem que só passam a receber mais atenção quando fazem com que seu interlocutor se sinta acolhido e prestigiado. E dispensam aqueles que simplesmente as abandonam no primeiro contato.

Nosso telefone tem muitos contatos, mas poucos relacionamentos (não passam de 10%, eu aposto!). Só que a quantidade não importa. Se forem pessoas-chave para seu bem-estar, para o seu crescimento e para a preservação da sua família, pode comemorar, você "zerou o game". **A única maneira de construir um ambiente saudável é cultivando relacionamentos saudáveis. Tempo, energia e dedicação: sem esses três quesitos, você não vai para canto nenhum.**

Quarto e último passo: estabeleça limites saudáveis. É definir o que é aceitável e o que não é nos seus relacionamentos. Assim, não gera altas expectativas e evita desconfortos, ou até mesmo invasões de privacidade. Sabe aquele amigo ou amiga que vai entrando na sua vida além do que você permitiu? E o parente que palpita sobre coisas que não deve no seu casamento? Isso é falta de limites. Anote isto: limites saudáveis são o alicerce de um relacionamento forte e respeitoso.

Dinâmica das conexões saudáveis

Faça um círculo central, com seu nome, e depois um maior e outro ainda maior, e assim por diante, como no exemplo ilustrativo a seguir. Em cada um, você vai escrever uma área prioritária da sua vida, como você mesmo, família, negócios, espiritualidade... Em seguida, escreva o nome de ao menos uma pessoa-chave nessa particularidade, que você enxerga como mais inspiradora e colaborativa, que mais agrega valor.

Depois, olhe de novo e analise se deve trocar alguém de imediato, por não estar cumprindo bem seu papel, ou se deve potencializar esses vínculos ainda mais, com tempo, energia e dedicação. Se alguma área está carente de pessoas-chave, repita o processo dos quatro passos de construção de relacionamentos saudáveis.

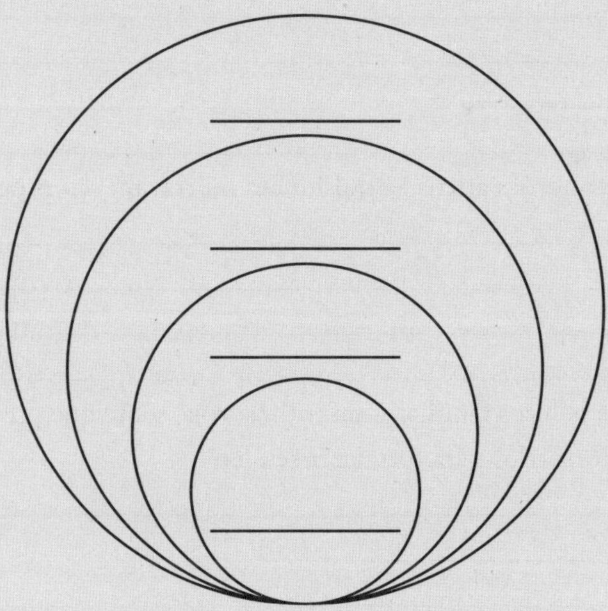

Fecho este capítulo afirmando que é impossível não ter conexões saudáveis se você tiver tudo isso aí. E, como deve ter percebido, muito, mas muito mesmo, do que eu disse é combustível para todos os relacionamentos que você tiver. Confiança, respeito, amor, harmonia, comprometimento, solidariedade, regras e limites… são necessários tanto para uma família bem-sucedida quanto para amizades verdadeiras e demais relacionamentos. Ao praticar o circuito, sustentar a pirâmide familiar e doar tempo, energia e dedicação às pessoas certas, nos ambientes corretos, você chegará mais próximo do reequilíbrio das prioridades da vida.

Para finalizar o capítulo, responda a estas perguntas:

1. O ambiente onde você vive fortalece ou enfraquece seus princípios e seus sonhos?

2. Suas conexões atuais impulsionam ou travam seu progresso?

3. Quais hábitos familiares ou rotinas você sente que precisam ser transformados para fortalecer seu lar?

4. Que valores você tem transmitido – de modo intencional ou não – para sua família?

___

___

___

5. Existem pessoas no seu convívio que puxam você para longe do seu propósito? Quem são?

___

___

___

6. Como você pode começar a construir um ambiente mais saudável, próspero e acolhedor para sua família?

___

___

___

7. Você está escolhendo conviver com quem o fortalece ou com quem o adoece emocionalmente?

___

___

___

Anote: os valores que plantamos em nossos filhos hoje se tornarão as raízes que os sustentarão para o resto da vida.

Reflita: qual valor você dá às conversas e aos momentos que tem com sua família?

CAPÍTULO 6

FORTALECIMENTO DOS NEGÓCIOS E CRIAÇÃO DE RIQUEZA

Empreender de verdade é quando empreendemos na vida e assumimos as rédeas daquilo que queremos. Desde o início deste livro, procuro entrar na sua cabeça de uma forma que compreenda que sua transformação não depende dos outros. Você precisa agir, criar estratégias para fortalecer os negócios e criar riqueza. E eu acho importante falar de coisas simples, mas que fazem a diferença.

"Kaká, qual o preço que a gente paga para ter sucesso?" Você paga o preço da dedicação e da constância para poder usufruir do valor da conquista.

Quem já me viu cantando sabe: sou um desastre. Ainda bem que minha esposa canta maravilhosamente bem. No que sou bom? Em fazê-la crescer na carreira dela, desenhar e executar toda a estratégia para levá-la ao topo das paradas de sucesso. Vamos falar agora justamente de pontos importantes e estratégias que considero essenciais para alcançar sucesso nos negócios e construir uma vida financeira saudável.

Andrew Carnegie foi um magnata do aço que queria deixar conhecimento, não só dinheiro, quando morresse. Ele era, para a indústria no tempo dele, o que Bill Gates representa hoje na era da informática. Certo dia, esse industrial encantou-se com a inteligência do jovem jornalista Napoleon Hill e lançou um desafio: "Vamos começar a desenvolver a ciência do sucesso".[8] E o que é essa ciência? Uma lógica, ou metodologia, para compreender como a mente das pessoas mais bem-sucedidas funciona e quais são os pontos do equilíbrio e de conexão em comum.

---

8 HILL, N. **A lei do triunfo**: 16 lições práticas para o sucesso. Rio de Janeiro: Editora José Olympio, 2014.

"Tudo o que a mente humana pode conceber e acreditar, ela pode conquistar", constatou Napoleon Hill,[9] que passou duas décadas ouvindo mais de 16 mil pessoas, incluindo quinhentos milionários importantes da época. Ele identificou que há, sim, características que permeiam a vida de pessoas bem-sucedidas, como atitude mental positiva e propósito. E eu digo que aqueles que não conseguem sair do lugar, vivendo no limbo, na escassez, sem atribuir nada de bom para a vida, também têm características parecidas entre si. Por exemplo, só reclamam e culpam os outros, em vez de se movimentarem e queimarem neurônios em busca de respostas coerentes para suas dúvidas e para prosperar.

A vida não é baseada no que as pessoas fazem com você. E sim na maneira como você lida com o que elas fazem.

Então, abandonar a posição de vítima é o primeiro passo para você acessar uma mentalidade disruptiva e abundante, como é a minha hoje. Meu passado cheio de erros não faz mais parte do meu presente, e deixo claro aos amigos de infância que aquele Kaká que conheceram ficou para trás e que minha mente agora é outra. Para mudar a sua, não adianta ficar se comparando e olhando para quem deu certo, porque isso só gera frustração. Comece a olhar o que tal pessoa fez para chegar ao patamar que você deseja, aprenda o caminho, usando-o como referência. Sobretudo, observe o que essa pessoa evitou fazer, o que também pode tirá-lo da sua rota de sucesso.

---

9 HILL, N. **Atitude mental positiva.** Porto Alegre: Citadel, 2015.

ALINHE POR CAMADAS DE SUSTENTAÇÃO

Enquanto muitos falam de construir o negócio por pilares, eu trabalho por camadas. Vou destacar pontos decisivos para você se fortalecer no âmbito dos negócios e das finanças.

Primeira camada: alinhamento familiar

Sua vida pessoal, familiar e espiritual influencia o resultado alcançado em seus negócios. É engano pensar que o sucesso começa no escritório. De que adianta ter vitórias nesse campo se você está levando a família para o fracasso e se distanciando de Deus?

"Kaká, quanto valem seus negócios?" O Grupo Non Stop, as construções de casas de alto padrão, as empresas em que invisto e o plantel de cavalos quarto de milha valem centenas de milhões. Quanto vale minha família? Tem valor, mas não tem preço. Mantendo esse pilar forte, eu tenho mais incentivo para dar pequenos passos e evoluir profissionalmente. Alçar novos voos e até focar novos investimentos.

Em momentos de crise, quando parece que o negócio vai desmoronar, ter o apoio familiar torna os empreendedores mais resilientes. Chegar em casa e escutar palavras de conforto é revigorante e nos ajuda a não agirmos por impulso. Cuidemos, então, do nosso lar, para que seja nosso porto seguro. Até porque a pressão do trabalho nos consome muito. Empresários que têm um relacionamento familiar saudável são mais produtivos e seguros de suas escolhas financeiras.

Quando a família é sua prioridade, você quer melhorar a qualidade de vida dela. Assim, toma decisões mais sábias no trabalho e resguarda o dinheiro de aventuras ou de consumismo por vaidade. Sendo assim, eu lhe pergunto: sua família é um suporte ou um ponto de conflito para os seus negócios? É um reduto de paz ou de pressão, em relação a seu ambiente profissional? Você precisa refletir sobre essa balança, para não deixar que dificuldades familiares contaminem o trabalho, e vice-versa.

Reflita também sobre como está ensinando o valor do trabalho e do dinheiro aos seus filhos. Eu me preocupo em preparar os meus para serem melhores do que sou, com uma mentalidade empreendedora e autorresponsável. Naquela vez que meu filho se deixou levar pela tentação de moedas virtuais em um aplicativo de jogo on-line, foi apertando os botões sem saber que estava aprovando compras e, no fim, gastou 22 mil reais em uma hora. Assim que ele se deu conta do que havia acontecido, veio pedir para eu conferir se os gastos tinham saído do celular dele. Teve uma atitude honesta. Porém, toda escolha tem consequência. E foi aí que coloquei algumas missões, entre elas: vender o que pudesse para recuperar o valor e recomprar o telefone que eu confisquei. Caso contrário, nunca mais teria acesso ao aparelho.

Ele tinha eletrônicos, como um tablet, e vários brinquedos, como jogos de tabuleiro, entre outros presentes que ganhou e nunca usou. Além disso, consignou livros para vender e me pagar, lucrando apenas a diferença após retirar o custo. Ele juntou o que podia e montou um bazar próximo da nossa casa, na feira do condomínio que acontece toda quinta-feira. Botou preço, chamou vizinhos e amigos para comprar, negociou descontos... Exercitou habilidades de vendas, refletindo atitudes que sempre me viu tomar, com gosto. Faturou sozinho mais de 30 mil reais.

Sabe o que mais ele aprendeu com isso? Que todos nós temos o direito de escolher o que queremos fazer, mas não escolhemos as consequências.

SUA VIDA PESSOAL, FAMILIAR E ESPIRITUAL INFLUENCIA O RESULTADO ALCANÇADO EM SEUS NEGÓCIOS. É ENGANO PENSAR QUE O SUCESSO COMEÇA NO ESCRITÓRIO.

RECALCULE SUA ROTA
@KAKADINIZ

"Mas, Kaká, ele é filho de famoso." Não importa. Ele teve a percepção, a disposição, o esforço e o gosto de trabalhar por um resultado. Tanto que quer continuar vendendo seus brinquedos na feira do condomínio, porque agora sabe que o dinheiro que receber vai para o bolso dele. "Pai, é legal ganhar dinheiro. E eu não vou precisar mais pedir para você comprar minhas coisas. Posso comprar com meu esforço", ele me disse. Isso é dar direcionamento, ensinar limites. Bajular, fazer só para agradar, dar o tesouro nas mãos... isso não existe nem na minha casa nem nos meus negócios.

Segunda camada: alinhamento espiritual

A primeira coisa que faço quando acordo é agradecer a Deus pela oportunidade de estar vivo mais um dia. Isso me fortalece para conquistar mais um dia próspero. Todas as vezes que tive acesso ao dinheiro e a vitórias profissionais foram por permissão de Deus no momento certo, ou seja, quando eu estava preparado para colher o que plantei.

Quando você confia naquilo que Deus tem para sua vida, automaticamente os problemas não parecem mais uma montanha insuperável, porque você vai saber como resolvê-los. Vou falar para você: todo mundo passou pela pandemia de covid-19 – não veio só para mim ou para você. Parecia que iria durar algumas semanas, mas demorou praticamente dois anos. Por que muitos faliram nesse período difícil, enquanto outros progrediram? Porque a grande questão não é o problema que você passa, é a forma como age dentro do problema.

No fim do ano de 2019, a Non Stop era uma empresa cujo foco residia no universo dos shows, e mais de setenta apresentações foram canceladas em cascata depois do decreto do isolamento social, em março de 2020. Como ser humano, eu senti medo de morrer, mas coloquei minha vida e a da minha família nas mãos de Deus, enquanto botava a cabeça no lugar como empresário e reagia para reinventar esse negócio. Entre as ações, construímos uma área de publicidade e montamos um time comercial forte para oferecer esse serviço terceirizado ao mercado. Em seis meses, nosso faturamento já ultrapassava o do ano anterior inteiro.

O que mais eu fiz? Construí um setor de produção de conteúdo e publicidade. Assim, faturamos com lives, filmes e afins, para atender à explosão da comunicação digital, conectando milhões de pessoas em redes sociais e canais de streamings. Demos uma guinada no posicionamento do negócio em plena crise sanitária e econômica, que saiu de um patamar de faturamento mensal de 2 milhões a 3 milhões de reais para mais de 10 milhões de reais.

Deus quer nosso sucesso e traz uma mensagem que faz com que tenhamos visão de futuro. Eu prosperei no meio de uma crise, no meio do processo de pandemia, porque tive fé de que aquelas mudanças reestruturariam meu negócio. E, quando chegava em casa, o que eu tinha? Base familiar para me encorajar a ir em frente. Negócios não são só transações financeiras. Impactam vidas, que é o terceiro ponto que eu quero destacar.

Terceira camada: alinhamento estratégico com propósito

Empreender com propósito é prosperar com significado. A Non Stop representa todos os valores e princípios em que acredito. Tornou-se um grupo empresarial que leva emoção e alegria para o coração das pessoas por meio da música, do teatro, do cinema e do humor; além de reflexões e conteúdos sobre temas importantes, como autoestima, finanças pessoais e espiritualidade. Aí eu pergunto: você tem um propósito que não seja egoísta com seu negócio?

Sinto dizer, mas o resultado não virá para quem apenas foca o lucro que quer embolsar. Dinheiro é consequência do cumprimento do seu propósito e do quanto você impacta a vida das pessoas. Todo trabalho deve transformar a vida de alguém de alguma forma. Então, se o meu transmite alegria e bom humor, se leva conhecimento, se conduz a momentos de euforia, felicidade ou reflexão... eu estou impactando pessoas e cumprindo meu propósito de contribuir para a transformação daqueles que querem isso.

Para estruturar esses objetivos, tecnicamente falando, uma empresa precisa ter:

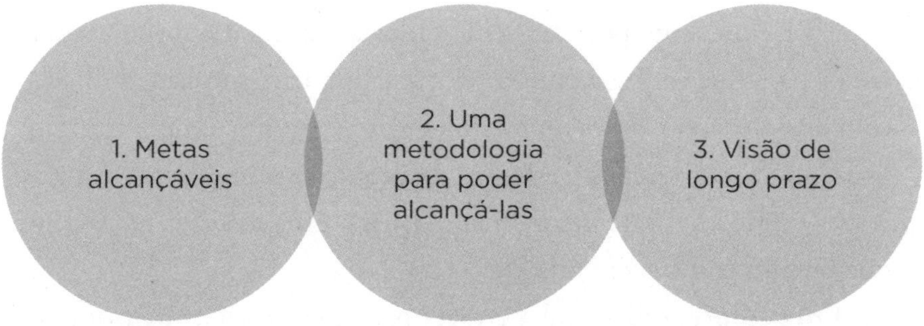

Não seja imediatista no seu negócio, ou ele estará fadado ao fracasso. Também não adianta criar metas mirabolantes, que extrapolam a realidade, porque é melhor você ter condições de conquistar pequenas metas diariamente do que nunca sentir a satisfação de alcançar resultados.

Reuniões de alinhamento e visão compartilhada

Exercite sua capacidade de inspirar uma visão comum no trabalho e em casa e de unir esforços para alcançá-la. Para criar engajamento, senso de propósito e responsabilidade compartilhada, organize encontros periódicos em que todos possam discutir metas pessoais e coletivas. Com base nelas, definam objetivos em conjunto, deixando claro que todos têm um papel na construção da visão. Quando as pessoas se sentem parte de algo maior, atuam com mais coesão.

Alinhamento estratégico com propósito engloba desenvolvimento de um planejamento, uma metodologia que gere legado. Herança é o que você deixa *para* as pessoas; legado é o que você deixa *nas* pessoas. Na Non Stop, por exemplo, temos a cultura de proporcionar meios para que todos subam de cargo. Ninguém que está alinhado com nosso propósito fica no mesmo lugar por muito tempo. É como uma escola, com níveis e estágios de evolução profissional. Então, temos vendedores que já foram atendentes, uma *talent management* que iniciou como secretária etc.

Uma empresa disposta a crescer precisa dar a mesma oportunidade a seus colaboradores. Ao alinhar metas financeiras com o propósito e a cultura do seu negócio, você conseguirá resultados melhores e duradouros, prosperará financeiramente e construirá um legado que perpetuará na vida das pessoas.

É preciso encontrar equilíbrio no planejamento estratégico, com metas que visem ao lucro – isso é importante, porque nenhuma empresa no mundo vive sem faturar –, sejam alcançáveis e que, também, estejam alinhadas ao propósito e à cultura da empresa.

Eu já passei pela frustração de colocar metas gigantescas para um time que não estava bem estruturado para trazer aquele resultado. O custo fixo operacional foi aumentando muito, mas os lucros, não. A sensação era a de que a empresa estava quebrando.

Fizemos o quê? Recalculamos tudo, incluindo as metas e a composição do time. Hoje, temos uma empresa pelo menos 40% mais enxuta e que fatura o dobro. Foi necessário rever todos os processos para trazer saúde financeira e mental. Como até mesmo grandes empresários sentem dificuldade em fazer isso, montamos uma nova empresa, com um time ultracapacitado, só para cuidar da gestão deles e ajudá-los a escalar. Nesse trabalho terceirizado, conseguimos transformar a cultura, reorganizar processos e traçar metas alcançáveis e que trazem maior lucratividade, com menos custos e mais resultados.

Quarta camada: alinhamento das atribuições de líder

O verdadeiro líder não cria seguidores, cria outros líderes – principalmente a partir do exemplo. Ele não está no posto mais alto da hierarquia, se apropriando daquele cargo, daquela função, para desmerecer as pessoas que estão abaixo. Não é aquele que sempre se senta à mesa em que ele é o maior, querendo controlar tudo e todos. Ele reconhece que nunca sabe o suficiente e que os liderados (não importando o cargo) podem ensiná-lo algo mais. Ele se coloca como escada para que outros também possam subir e dar continuidade a seu legado.

Liderar é identificar talentos potenciais, a fim de capacitá-los e elevá-los. Assim como tomar a difícil decisão de tirar da empresa quem promete mundos e fundos, mas não entrega e ainda age pelas costas como um traidor da sua confiança. Liderar é recalcular rota para montar times fortes, colocando gente especializada em cada setor, gente que busca ter excelência no que faz.

Importante: o líder não precisa saber tudo. Concentre-se no que você é bom e deixe que as pessoas façam o trabalho delas, colocando-se como orientador e facilitador. Profissionais de sucesso aprendem a delegar o que é técnico e operacional, assim podem priorizar seu tempo com a estratégia. Essa, sim, é sua grande contribuição!

Dinâmica da delegação consciente

Querer controlar tudo não é um bom caminho. Para desenvolver a confiança nas pessoas e capacitá-las para assumir responsabilidades, liste tarefas que podem ser delegadas, tanto no trabalho quanto em casa, e chame cada envolvido. Combinem um prazo de entrega. Depois, acompanhe e cobre o que foi acordado. Correspondeu às expectativas que tinha? Reconheça o esforço de alguma forma. No primeiro caso, delegue projetos importantes que permitam o crescimento de cada um da sua equipe. Quanto à família, delegue responsabilidades de acordo com a idade e as capacidades de cada membro. Um dos benefícios de delegar com consciência é que cria um ambiente onde todos se sentem responsáveis pelo sucesso coletivo.

Mas delegar não é o mesmo que transferir responsabilidades. Lidero um dos nossos principais negócios do mercado de marketing de influência, que mais de uma vez conquistou o prêmio de melhor agência de influenciadores pelo iBest. Quando algo dá errado, a culpa não é do meu colaborador; é minha, porque eu sou o exemplo da empresa e assumo as consequências das minhas escolhas. Se não recrutei corretamente, se não coloquei pessoas capacitadas para aquela função, vou corrigir.

Quando eu era sócio de uma empresa de lançamentos digitais, soube que o time não havia concordado com algo que falei, mas temia abrir o jogo. Meu estrategista digital me sugeriu conversar com todos, e atendi prontamente. Se tem uma coisa que eu amo é receber feedbacks que me fazem crescer.

Quem está mal-intencionado geralmente elogia seus fracassos. Então, não negue uma crítica. Eu sou grato à minha mãe por todos os "nãos" que ela me falou na vida. Embora alguns tenham gerado crenças limitantes em mim, como medo, transformei em precaução e cautela, e não em covardia.

O medo pode até existir, mas não deve paralisar alguém que lidera um negócio. Imagine se eu fosse um empresário com medo de investir em boas ideias!? Empreendedor de sucesso não foge do risco. Pelo contrário. Se alguém me convida para um negócio de alto risco, a partir de uma ideia fantástica, fico em êxtase para fazer acontecer. Foi com essa mentalidade que entrei nos mercados de construção civil e de cavalos, que estão em ascensão e possuem um oceano de possibilidades.

No caso da construção civil, toda vez que você compra terra, ela valoriza ao longo do tempo. Um dos ativos em que mais invisto dinheiro é nesse setor, comprando casas em leilões ou com preços atrativos para revenda. Se você gasta abaixo do preço do mercado e reforma, pode multiplicar duas, três vezes o valor pago pelo imóvel.

Sobre criar cavalos quarto de milha, sempre fui um apaixonado, mas quebrei a cara no início por achar que podia fazer as coisas apenas com a minha força, sem ouvir a orientação de um mentor. Arranjei um que mudou completamente minha visão do negócio, clareando o que eu não estava conseguindo enxergar.

E se você me disser que adoraria se arriscar em uma coisa diferente, mas tem pouco capital, vou dizer que não pode usar isso como desculpa. Com um celular na mão conectado à internet e disciplina, já dá para fazer dinheiro de várias formas. Você só precisa escolher a estratégia ideal para ter uma fonte de renda estável (inclusive, eu ensino várias delas em meus workshops e mentorias).

Para aprender sobre um mercado novo do seu interesse, você precisa estar associado a gente especializada nessa área de atuação e que tem bons resultados, gente de boa índole e com princípios. Eu, por exemplo, não me associo a alguém que trai a esposa. Sou moralista? Não. Vou explicar o motivo. Se o sujeito não consegue honrar sua decisão de amar a pessoa a quem prometeu fidelidade, como agirá em outro tipo de aliança, como sociedade ou parceria? Isso, sim, seria correr um risco enorme.

Dinâmica da escuta ativa

Para melhorar a comunicação e desenvolver empatia, reúna sua equipe e peça a cada um que compartilhe uma preocupação ou ideia, sem ser interrompido. Depois, estimule alguém que ouviu a repetir, enquanto os outros observam se essa pessoa entendeu corretamente. A dinâmica ensina a ouvir de maneira ativa e demonstra a importância de compreender as perspectivas dos outros, antes de agir ou julgar.

Quinta camada: alinhamento de expectativas

Para gerar resultados sólidos e duradouros, correndo riscos calculados, vale se perguntar:

- Você tem metas que beneficiam apenas o presente... Ou elas estão construindo um futuro sustentável para você e outras pessoas?
- Só pensa no que vai faturar no fim do mês, para sair comprando... Ou gasta o necessário e reinveste nos negócios para que cresçam?

Eu quebrei dois negócios porque tinha uma preocupação imediatista com o caixa do mês. Até que aprendi a ter estratégias de longo prazo, como fazem grandes empresas que me inspiram. Elas podem terminar o ano dando resultado negativo, mas com o *valuation* (o que valem) e o *equity* (a parte pertencente aos acionistas) muito acima do ano anterior. Porque estão reinvestindo para darem um salto lá na frente.

O dinheiro que você ganha precisa ser reinvestido ao longo do tempo, para que tenha longevidade como empresário. Quer colocar a vida financeira em ordem, com visão de futuro, de longo prazo? Sugiro gastar no máximo 20% com despesas, 30% reinvestindo nos seus negócios para que eles cresçam, e 50% se capitalizando para ter boas oportunidades de adquirir novos negócios em tempos de crise.

Seja antifrágil, para não desistir no meio do caminho e não duvidar da própria capacidade quando tudo o que precisa fazer é se dedicar acima do normal, pelo tempo necessário para ver seu negócio tracionar. Essa atitude será fundamental para que, no futuro, você possa trabalhar primordialmente com a mente, administrando melhor seu tempo e conseguindo ganhar muito mais dinheiro sem tanto esforço físico.

Não se iluda com falsas promessas de que dá para ficar rico seguindo três passos. Cuide bem do seu ganha-pão. Quando abandonei um pouco alguns negócios meus, eles começaram a declinar. Reassumi o controle, e voltaram a crescer. É como um filho precisando de um pai para orientar, ensinar valores, incentivar. No momento, você está empregado no negócio de alguém? Cuide dele como se fosse o dono.

"Kaká, quando foi que você teve sua primeira virada de chave para ser empreendedor?" Foi em setembro de 2015, morando em Goiânia, depois de quebrar pela terceira vez, com 84 reais em uma conta da Caixa Econômica, de um trabalho que havia feito como "azulzinho", orientando trabalhadores sobre FGTS.

Eu estava cansado daquela rotina morna e da minha condição financeira que parecia uma gangorra, cheia de altos e baixos. Se você se sente assim, aprenda a não suportar o que está vivendo e mude! As histórias dos outros nos inspiram, mas é da nossa própria história que temos de tirar forças para avançar.

Tinha acabado de sair do banheiro, chorando e pedindo a Deus uma direção, uma luz. Simone estava no auge da carreira; e eu, na pior fase. Enxerguei uma oportunidade: de fazer a logística dos shows, e ela viu que resolveria um problema dela ("Não terei mais estresse", me disse). Ganhei, primeiro, 1,5 mil reais. Seis meses depois, 2,5 mil reais mensais. Fui cuidando do administrativo, do financeiro e das questões da banda. Passado um ano, eram 5 mil reais mensais, que no semestre seguinte dobraram.

Passei a rodar o país trabalhando com ela, ajudando a vender shows (e eu amo vender) e ganhando comissão, junto do Robertão, empresário da Simone há mais de vinte anos. Conheci bem o mercado e fortaleci meu colchão financeiro. Com a minha empresa montada, comecei a empresariar também o Carlinhos Maia, que despontava na internet e tinha a Simone como fã. A Non Stop já existia, produzindo shows também. Fizemos uma fusão bem-sucedida. Eu trouxe outros artistas, como Gkay e Tirullipa. Assim, muitas coisas boas foram acontecendo naturalmente.

Com uma oportunidade, uma pessoa com a palavra certa... você vira a chave do seu negócio. Uma só; não precisa de duas, não. Mas desde que aceite mudar sua mentalidade, ou seja, sua maneira de enxergar dinheiro, tempo e oportunidades. Aprenda a pensar como dono, e não como empregado, por exemplo. Troque pensamentos como "Preciso trabalhar mais para ganhar mais"; "O dinheiro foi feito para gastar, não para guardar" e "As boas oportunidades chegam para quem já tem dinheiro" por aqueles das pessoas bem-sucedidas:

- "Preciso criar fontes de renda que trabalhem por mim."
- "Dinheiro é ferramenta, não recompensa."
- "Se não aparecem boas oportunidades, eu crio as minhas."

Eu me lembro, como se fosse hoje, do dia em que me tornei o quinto sócio da Non Stop. Cheguei em casa comemorando e jurando a mim mesmo e à Simone que me tornaria, um dia, o sócio majoritário. E é o que sou hoje. Aquilo que coloco na minha cabeça – se também estiver no direcionamento que Deus tem para minha vida – acontece. Ninguém é capaz de me impedir.

No dia da fusão, chorei e afirmei para meu filho que mudaria nossa realidade. Tinha ainda o sonho de ser piloto de avião, e a Simone me presenteou com o curso. Em cinco meses estava pilotando, porque alguém tão especial me estendeu a mão. E ela conseguiu enxergar em mim coisas que nem eu mesmo enxergava. Da expectativa à realidade, foi uma construção – que você também pode alcançar, tenho certeza.

Revisão de conceitos para a vida

Não se esqueça:

- Visão de futuro torna sua empresa mais sustentável.
- Planejar com propósito é investir na eternidade. Veja quais são as dores das pessoas e o que seu negócio pode fazer para que elas as superem e cresçam. E pense em como você pode levar o seu propósito para dentro da casa das pessoas, da vida delas. O médico garante a saúde, o engenheiro ajuda a construir sonhos e a maquiadora traz autoestima para as pessoas, fazendo-as se sentirem mais bonitas. Toda atividade profissional sana a dor de alguém em alguma coisa. Descubra isso, e você terá ouro nas mãos. Assim, vai cumprir seu propósito de impactar vidas.
- Empreender não é só sobre dinheiro. Quando você está com a vida familiar e a base espiritual bem alinhadas, tem mais equilíbrio emocional e passa a ser bem-sucedido em todas as áreas. Sente-se cada vez mais completo. Você passa a viver em um ciclo de riqueza sustentável, em que as pessoas envolvidas crescem junto.

Tudo isso é ter uma base bem estruturada, que precisa fazer parte do seu equilíbrio de vida. Então, *bora* dar esse próximo passo?

Para finalizar o capítulo, responda a estas perguntas:

1. O que impede você de criar uma mentalidade de prosperidade nos seus negócios?

___

___

___

2. Suas decisões financeiras se baseiam em desejos imediatos ou na construção de riqueza a longo prazo?

____
____
____
____
____

3. Que padrões mentais limitantes sobre dinheiro você percebe que herdou da sua criação?

____
____
____
____
____

4. Seu negócio atual tem bases sólidas, com visão de futuro, ou está sobrevivendo no imediatismo?

____
____
____
____
____
____

5. Você tem clareza de quanto está reinvestindo no seu crescimento pessoal, nos seus negócios e no seu patrimônio?

____
____
____
____
____

6. O que você precisa começar a fazer para que seus negócios deixem de ser fonte de estresse e passem a ser fonte de realização e abundância?

____

____

____

____

7. Como você pode usar sua prosperidade não apenas para enriquecer, mas para transformar vidas?

____

____

____

____

Anote: liderar não é estar à frente, mas guiar com seu exemplo e elevar os que estão ao seu lado.

Reflita: no dia a dia, você ouve antes de falar e age com base no que aprendeu?

DINHEIRO
É CONSEQUÊNCIA
DO CUMPRIMENTO
DO SEU PROPÓSITO
E DO QUANTO VOCÊ
IMPACTA A VIDA
DAS PESSOAS.

RECALCULE SUA ROTA
@KAKADINIZ

CAPÍTULO 7

FORTALECIMENTO DA ESPIRITUALIDADE E CONEXÃO COM DEUS

A gente planeja, luta, se esforça para prosperar nos negócios e dar melhor qualidade de vida à família. E, quando algo sai do controle, vem a frustração. Já parou para pensar que pode ser Deus **protegendo** sua vida de algo que você não consegue ver? O que parece um atraso pode ser Deus **preparando** seu caminho. O que parece um erro pode ser Deus **ensinando** algo valioso. O que parece o fim pode ser Deus **abrindo** uma nova rota. Então, o melhor a fazer é parar de resistir, pois Deus tem algo maior que os seus planos.

Independentemente de você praticar ou não uma religião, vamos falar de conexão com Deus? Quando apresentei o programa Recalcule Sua Rota, declarei que a espiritualidade é a base, o ligamento, a força divina e indispensável para a felicidade e a harmonia em todas as prioridades da vida. Sem dúvida, é a maior força que podemos ter para nos orientar e influenciar o sucesso pessoal, na família e nos negócios.

Eu gosto muito de um versículo da Bíblia que diz: “Pois os meus pensamentos não são os pensamentos de vocês, nem os seus caminhos são os meus caminhos” (Isaías 55:8). De fato, os planos de Deus transcendem a compreensão humana, que é limitada. Mesmo quando enfrentamos incertezas, podemos confiar nessa proteção, preparação e ensinamento para reequilibrar nossas prioridades de vida.

Nosso lar fica protegido, nosso casamento fica blindado, nossas decisões financeiras e acerca de quem queremos como amigos ou parceiros de trabalho ficam melhores. As palavras adversas contra a nossa família não vão prosperar jamais, porque quem dá o caminho da nossa casa e do nosso relacionamento é Deus e Seu filho Jesus.

Só para você saber, estou casado com Simone desde março de 2013, e a terceira vez que renovamos os votos (março de 2025, em Las Vegas) foi especial por termos nossos dois filhos testemunhando nosso amor. Entretanto, anualmente, "videntes" dizem que o casamento do Kaká com a Simone vai acabar. Uma disse que eu morreria em 2020, imagine só! Minha vida é firmada por Deus. Eu não me vejo com nenhuma outra esposa que não seja a Simone e decido todos os dias amar a família que construí. Adoro partilhar com as pessoas princípios e valores pessoais e espirituais que considero inegociáveis, em vez de espalhar lorotas ou invenções. Seria ótimo se as previsões não fossem de desgraças, mas sim de prosperidade; ou que ao menos viessem desta forma: "Eu vi que seu casamento pode acabar, mas eu vou orar a Deus para que esse laço de amor perdure".

QUEIRA CONSTRUIR PONTES, SEGUIR PRINCÍPIOS

"Kaká, qual é sua religião?" É comum me fazerem essa pergunta, à qual respondo que sou cristão. Minha religião se chama Jesus. Eu evito usar títulos religiosos porque meu objetivo é construir pontes. Busco sempre orientação no Evangelho e gosto de estar com quem utiliza essa fonte de sabedoria máxima, mas procuro não focar uma doutrina religiosa como condição para ter a prosperidade que eu alcancei. Jesus constrói pontes; e, infelizmente, muitas vezes vemos religiosos impondo dogmas que constroem muros, ou até guerras.

Falar de Jesus é falar de princípios e valores que são muito bem-vindos e dão norte ao casamento, à criação dos filhos, à liderança nos negócios, à escolha dos ambientes que frequentamos e muito mais. Então, se me pedirem para denominar minha fé, afirmo que sou um seguidor de Jesus. Busco ser parecido com o filho de Deus, apesar de estar *muito* distante ainda. Sigo nesse processo todos os dias, aprendendo, me corrigindo, estudando o Evangelho, agindo pelo caminho do bem, evoluindo e inspirando outras pessoas pelo exemplo.

Ao construir um relacionamento com Deus e me tornar espiritualmente forte, eu consigo enfrentar absolutamente tudo o que o mundo joga sobre mim. Por causa das minhas atividades profissionais e as de Simone, temos uma vida pública – e você acha que é fácil? Não é. É o que minha esposa e eu escolhemos? É. Vou dizer mais: é o que Deus tinha para nós. Desde quando a Simone me mostrou a importância de fazer essa conexão espiritual de forma estruturada, eu me sinto cada vez mais fortalecido, mental e emocionalmente.

Manter uma conexão espiritual profunda pode trazer equilíbrio e paz em tempos de crise. Entretanto, Deus só faz o que você *não pode* quando você já tiver feito *tudo o que pode*.

Digo isso porque meu processo de mudança não melhorou imediatamente só porque eu fui apresentado a Deus e Seu filho Jesus. Pare agora com a ilusão de que, no instante em que você se apega a Deus, os problemas acabam. Não acabam. Só que a mentalidade muda. Em vez de se vitimizar, procrastinar, desistir, você passa a pedir a orientação do Pai de todos e, assim, toma uma atitude. Consegue atravessar o processo difícil se capacitando para resolver, transformar, mudar, botar as coisas e as pessoas no trilho correto.

Toda vez que eu passei por um desafio muito grande, Deus me capacitou para viver algo maior. É por isso que eu digo: enquanto eu tiver Deus e minha família me fortalecendo, posso ficar sem mais nada e, mesmo assim, vou recomeçar do zero e construir tudo de novo. Sabe por quê? A mentalidade do sucesso está em mim. Eu sei que ainda tenho muitas histórias para viver e contar. Só não vou subir de patamar quando Deus decidir que está na hora de me parar.

BUSQUE SABEDORIA PARA DECIDIR (E SER) MELHOR

Você já se sentiu esgotado em plena segunda-feira, preso na rotina e obrigado a agir? Por anos, eu me senti assim. Muitas vezes, o despertador tocava às 8 horas e eu queria continuar na cama. O que me fez descruzar os braços e seguir em frente? Foi essa consciência de que Deus tinha algo reservado para mim. Isso me deu força para decidir viver pelo propósito de fazer coisas maravilhosas por mim e para as pessoas.

Aí meus dias deixaram de ser uma obrigação e passaram a ser uma oportunidade. Hoje, eu escolho me levantar (cedo!) e liderar minha vida, minha família, meus negócios! Só assim aproveito tudo o que está ao redor, equilibrando melhor meu tempo e minha energia.

É Deus quem dá sabedoria para você traçar um caminho mais assertivo na sua vida e descobrir as pessoas certas para estarem do seu lado, nos seus relacionamentos pessoais e profissionais. Ele reconhece quando você está triste e pode ser o melhor ouvinte, ajudando a liberar aquele choro entalado que fica apertando o coração. Uma das minhas maiores dificuldades talvez seja a de externar o que sinto. Guardo muitas coisas dentro de mim, mas ainda bem que desabafo com minha esposa e, principalmente, com Deus.

Sabe o que é mais incrível nisso tudo? Se não fosse a misericórdia de Deus, nós não estaríamos aqui. Reconhecer essa dádiva só é possível quando a gente deixa o orgulho de lado. Esse sentimento é como um veneno que a pessoa toma, achando que está matando o outro, quando na verdade quem está morrendo é ela. Muito melhor é querer ser um homem ou uma mulher de

Deus em casa, no seu trabalho, na roda de amigos, ou em qualquer outro ambiente, e, assim, proporcionar ambientes sadios. E se você sente que está falhando nisso, chegou a hora de assumir de uma vez por todas: "Kaká, eu preciso mudar, eu preciso me transformar, não tenho sido quem eu quero (e preciso) ser".

SEJA GRATO POR TER ACORDADO HOJE

Um excelente exercício para desenvolver a espiritualidade é a gratidão. Eu sempre falo para as pessoas da importância de agradecermos o dia de hoje. Podemos aprender a ser gratos por termos acordado. Afinal de contas, não sabemos se vai ser assim amanhã. Às vezes, tenho dias muito puxados de trabalho e me flagro querendo que chegue logo o sábado, para poder descansar. Em seguida, penso: *Não, Senhor, obrigado pela segunda, pela terça, pela quarta que eu vivi... e pelo dia de hoje. Se o Senhor me permitir viver novamente amanhã, agradecerei de novo.*

Lembremos que temos um dia por vez, e cada um merece ser comemorado. É como se nascêssemos de novo. Você acorda, e Deus está permitindo que você viva mais um dia. Hoje é um dia único para ser usado com equilíbrio, cuidando do que importa. O ontem não existe mais, o amanhã ainda não existe. Então o hoje é uma dádiva divina que Ele dá, é a autorização para que você possa desfrutar do sobrenatural. Então, comece a ser grato pelo dia que você está vivendo. Seja grato por hoje, não por amanhã nem por ontem.

Deus permite que você viva um processo porque é a escada para o progresso, lembra? E, se Ele está permitindo que você passe por algumas coisas não tão boas no seu dia, é para que aprenda algo e mude de mentalidade, gerando novos comportamentos. Muitas vezes, Ele parece silenciar; e tem gente que acha que foi abandonada:

"Kaká, Deus não fala comigo". Fala, sim, só que você está dando tanto ouvido ao barulho do mundo que acaba silenciando a voz de Deus na sua vida.

Como Ele não é intrometido, aguarda sua permissão. Tem pessoas que passam a vida toda provando do silêncio de Jesus porque não conseguem compreender que Ele só entra na sua vida se você permitir. Esse também é o livre-arbítrio. É aquela oportunidade em que você diz assim: "Eu Te convido a fazer parte da minha vida". Todos os dias eu faço isso. Acordo e agradeço por estar vivo e declaro a Deus vitória sobre minha vida: "Espírito Santo, eis-me aqui e a minha vida. Conduz meus caminhos, me direciona para a rota que eu preciso trilhar. Cuida dos meus filhos, protege minha casa, minha família".

Na minha família, nós decidimos que viveríamos alinhados com Deus. Então, agradecemos por tudo o que temos e oramos juntos quando acordamos, antes do almoço e na hora de dormir. Além de proteção, pedimos a Ele que proporcione apenas o que quer para nós e tire tudo aquilo que não é bom – incluindo pessoas que queiram nos prejudicar. Ambientes saudáveis trazem informações saudáveis, e sei que Deus dá um jeito de me alertar através das pessoas corretas, nos lugares corretos, quando há traidores ao redor.

GERE OPORTUNIDADES DE MUDANÇA E AJUDE AS PESSOAS

Preste atenção nisto: acreditar, permitir, aceitar essa provisão divina não significa ser passivo, esperando que as coisas caiam do céu. Quem precisa agir, para atrair o que está pedindo a Deus, é você. Muita gente acha que Deus vai mandar anjos com uma perspectiva de mudança na bandeja. De maneira nenhuma. O que Ele quer é que você gere as próprias oportunidades de prosperar, avance em uma constância de pequenos passos diários e se torne interessante, para que as pessoas boas queiram somar forças com você.

Não perca tempo esperando que a solução para seus problemas caia do céu. Creia na Palavra que Deus tem sobre a sua vida, mas tenha a coragem de enfrentar o mundo, passar pelos desafios e construir seus sonhos, enquanto os interesseiros ficam sentados, sem se esforçarem, aguardando um anjo salvador. Eu corri atrás, como corro até hoje.

Para gerar boas oportunidades, pode ser que você precise mudar de ambiente, "sentar-se em outras mesas". Quando faz isso e vive uma vida com Cristo, automaticamente você começa a se tornar próspero em todas as áreas prioritárias, inclusive a financeira. Ou você acha que, para falar de Deus e se conectar a Ele, é preciso estar mendigando o pão, vestindo roupas rasgadas, sem banho? Não é isso o que Deus quer para nossa vida.

Dinheiro no bolso é riqueza; no coração é prisão. Viver com Deus não significa que você vai ficar milionário nem fadado à escassez. Significa que você pode mudar de vida. Ser rico é pecado? Não! Além disso, a prosperidade é uma ferramenta para ajudar o próximo. Não costumo falar sobre doações em dinheiro. Acredito que isso deve ficar entre cada um e Deus, mas vou abrir uma exceção e compartilhar uma história que traz um ensinamento valioso: quando Deus tocar seu coração, procure escutá-lo.

Beirando as férias de julho, a professora do meu filho comunicou que haveria uma festa de despedida na escola, e que ele deveria levar paçoca. No Ceará, seria carne-seca desfiada com farofa. Uma delícia! Já no Sudeste, onde passamos a maior parte do ano, é doce e leva amendoim moído. Liguei para nossa funcionária, que cozinha muito bem, e perguntei a ela se prepararia uma sobremesa bem gostosa à base desse doce. Tudo certo, só que não tinha paçocas em casa.

Fui com Henry comprar no supermercado, por volta das 18 horas. Na saída, ele percebeu que havia uma mulher chorando na calçada, e eu perguntei de dentro do carro o que houve. Ela contou que estava o dia todo atrás de comida para os dois filhos e me pediu para ajudar com um valor simbólico. O desespero dela me comoveu, e quis entender o que ela estava fazendo ali o dia inteiro sem que tivesse conseguido nada.

— Você não trabalha? — perguntei.

— Eu trabalho vendendo paçoca. — E abriu o saco que segurava em uma das mãos para me mostrar algumas caixas do doce.

Imediatamente pensei que Deus estava me falando alguma coisa por intermédio dessa mulher. Não era coincidência que, de trinta alunos, meu filho ficasse com a tarefa de levar paçoca. Nem que faltasse em casa e eu tivesse que sair para comprar. Muito menos cruzar com alguém que precisava vender o que nós buscávamos para alimentar sua família. Eu não tinha dinheiro em espécie, então fiz um pix de mil reais para essa mãe, que ficou tão surpresa que queria me devolver.

— Aceite, porque é Deus abençoando sua vida através da minha vida, e você poderá comprar alimentos para seus filhos. Mas eu tenho uma pergunta para fazer. Você passou o dia todo por aqui sem conseguir vender nenhuma paçoca?

Foi aí que ela começou a chorar copiosamente. E me contou que havia apurado 20 reais, só que usou para matar a fome de uma pessoa que viu debaixo de uma ponte. Repare só: ela recebeu mil reais, que representam cinquenta vezes aqueles 20 reais ofertados ao homem faminto. Felizes por ajudá-la, voltamos para casa; e, naquela noite, eu recebi um pagamento de 50 mil reais.

Perceba que as mesmas cinquenta vezes que Deus multiplicou na vida dela, multiplicou na minha. O que menos importa nessa história é quem ganhou mais ou menos. Quando fazemos de coração, com generosidade, quem recebe é abençoado, mas quem semeia é abençoado cinquenta vezes mais...

Em 2 Coríntios 9:6-10, Paulo diz que Deus multiplica as ofertas dos que doam e que a generosidade resulta em uma grande colheita. "E isto afirmo: aquele que semeia pouco, pouco também ceifará; e o que semeia com fartura, com abundância também ceifará..." Ficou com vontade de se perguntar se você semeia algo bom na vida das pessoas? Geralmente, queremos receber e acabamos nos esquecendo de plantar. Só que a Lei da Semeadura, detalhada no Evangelho, não erra. Você nunca plantará tomate e colherá manga.

Coloque nas suas prioridades semear coisas boas para o próximo. Assim, colherá outras ainda melhores. Próspero é aquele que transborda na vida de outras pessoas!

PROPAGUE SEUS VALORES ESPIRITUAIS ONDE ESTIVER

Olha só quanta sabedoria você pode desenvolver com uma espiritualidade bem estruturada! É um pilar que o capacita para uma vida equilibrada, prosperando de maneira sólida, sustentável. Insisto: acreditar, permitir, aceitar essa provisão divina não significa ficar passivo, pois quem tem que tomar atitude é você. Orientando-se por uma conexão genuína com Deus, evite cometer os mesmos erros e ganhe discernimento para executar com assertividade.

O passado é seu professor, seu ponto de referência. Aquilo que não deu certo, delete; e o que funcionou bem, replique. Quanto ao futuro, ainda é um livro com páginas em branco. Como bem ensina meu amigo e mentor André Vitor, nosso campo de execução é o presente. É hoje que você pode recalcular sua rota, aproveitando os aprendizados do passado para construir um futuro melhor. Tenha Deus acima de tudo, e se fortaleça com os valores Dele. Automaticamente, os problemas deixarão de ser monstros, porque você terá visão de futuro, botará a cabeça no lugar e resolverá.

Lembre-se: seus comportamentos, sua família e seus negócios devem refletir seus valores espirituais. Por exemplo, de não estar apenas perseguindo status ou resultado financeiro, e sim a transformação das pessoas. Eu tenho a cultura de que Deus é o sócio majoritário dos meus negócios e, quando chego à Non Stop, declaro palavras de bênção sobre a vida dos artistas, dos empreendedores, dos colaboradores que passam por aquele lugar. Qualquer pessoa que entra lá espera ser abençoado, inclusive.

Também costumo dizer: "Nada quebrado, nada faltando, nada fora do lugar", reforçando a ideia de que, na presença de Deus, tudo está completo e em ordem. Essa mensagem é profundamente enraizada na fé cristã, e vale muito para quem acredita que Deus é capaz de restaurar e trazer plenitude.

Se você já tem uma conexão com Deus, mas coisas boas não estão acontecendo ainda, eu recomendo refletir:

- Você está tendo uma comunicação eficaz com Deus?
- Sua vida familiar está estruturada?
- Você está mesmo a fim de mudar?

O processo de se tornar uma pessoa bem-sucedida é doloroso, como eu adiantei, mas a gente enfrenta a dor. Tem obstáculos, mas a gente passa por eles. Existem desafios, mas a gente enfrenta um a um. Você precisa querer mudar. Só isso! Esteja disposto a superar qualquer tipo de dificuldade para conquistar aquilo que Deus tem preparado para sua vida. Então, fale em voz alta: "Eu mudo a partir de hoje". E comece a executar a mudança, pondo em prática o método RSR.

Se você voltar lá no tripé das prioridades da vida, vai relembrar que ser um profissional bem-sucedido depende do seu fortalecimento pessoal e familiar, e que sua vida espiritual está completamente ligada ao resultado dos seus negócios. Então, existem pontos cruciais nessas prioridades que você precisa alinhar para que possa viver o sobrenatural em cada uma delas.

DECLARE COISAS POSITIVAS E TENHA FÉ

Precisa existir um equilíbrio. Nós somos seres de corpo, alma e espírito. Espírito é a conexão com Deus. Alma é o que permeia a nossa existência, e corpo é a carne. E qual é a maior batalha que todos nós travamos diariamente? Com a carne, quando nos deixamos levar pelo ego, pela vaidade, pela soberba... Então, meu convite, depois de tudo o que conversamos ao longo destas páginas, é que você possa criar uma mentalidade disruptiva e desapegar de tudo aquilo que atrapalhou sua vida até hoje.

Abra a boca somente para falar coisas positivas sobre sua vida e a vida dos outros. E quando pedir algo a Deus, prefira falar "Eu sou próspero" a "Eu quero ser próspero", porque aquilo que você emana para o mundo, o mundo traz de volta para você. É a Lei da Atração. Eu digo: "Senhor, a minha vida é próspera, a minha família é próspera e com saúde, a minha vida está maravilhosa. Sou grato a tudo que sou e tenho. Obrigado pelos desafios que consigo enfrentar, porque sei que sou capaz de superar esses obstáculos".

Declare coisas positivas e tenha fé nos resultados, mesmo que ainda não consiga vê-los. Porque é muito fácil a gente dizer que tem fé quando aquilo que nós queremos se realizou. Só que Deus testa nossa capacidade de confiar Nele, colocando provações ou dificuldades para nos capacitar para o próximo nível e nos engrandecer. Eu passei por várias na minha vida, como quase ter sido abortado pela minha mãe, só que Deus tinha um plano para mim. E se você está aqui hoje, Ele tem um plano para você.

Ele vai dar uma visão espiritual que ajuda a enxergar as conexões que são para o bem. Por exemplo, sou amigo de todo mundo. Ajudo, estendo a mão para quem precisa, dou conselho... Mas nem todo mundo será meu amigo. As amizades verdadeiras vão se mostrar na hora certa. Meu coração eu abro 100% para Deus. Meus projetos compartilho com minha família, que torce comigo e me ajuda. E a fé que nos une nos bons momentos também nos sustenta nos desafiadores, sabendo que Deus coloca o chão assim que damos um passo.

Lembre-se: primeiro você começa, e depois Deus provem. Em Jeremias 29:11 está escrito: "'Porque sou eu que conheço os planos que tenho para vocês', diz o Senhor. 'Planos de fazê-los prosperar e não de causar dano, planos de dar a vocês esperança e um futuro'". Sugiro colocar esse versículo no espelho do banheiro, na porta da geladeira, na mesa do escritório ou na parede do seu quarto – em qualquer lugar que possa ler sempre que precisar.

Para finalizar o capítulo, responda a estas perguntas:

1. Em que momentos da sua vida você percebe que tentou conduzir tudo sozinho, sem colocar Deus no centro?

2. O quanto sua conexão com Deus tem sido prioridade na sua rotina, ou você tem buscado Sua ajuda apenas nos momentos de dor?

3. Você confia no tempo de Deus ou vive ansioso, tentando acelerar processos?

4. Que situações recentes você consegue perceber que, na verdade, foram livramentos disfarçados?

5. Quais são os ruídos que estão afastando você de ouvir com clareza a voz de Deus?

___

___

___

6. O que você precisa entregar nas mãos de Deus hoje para viver um recomeço com paz no coração?

___

___

___

7. Como seria sua vida se você realmente colocasse Deus como base das suas decisões, dos seus relacionamentos e dos seus negócios?

___

___

___

Anote: sonhar alto não é pedir demais, é visualizar o destino que você merece! A verdade é simples: você pode ser grato e ainda assim querer crescer.

Reflita: você acha mesmo que Deus colocaria um sonho no seu coração se Ele não o capacitasse para vivê-lo?

CAPÍTULO 8

SIGA SEU NOVO CAMINHO, COM SUCESSO

De tudo o que você leu até aqui, se não absorver boa parte e não colocar em prática, de nada vai adiantar. A maioria dos planos de ação falha devido à falta de execução. Não espere pelas condições perfeitas. Pegue esse conhecimento transmitido com carinho e propósito de ajudar e aplique enquanto há tempo. De fato, minha meta com este livro é ensinar mais e mais pessoas a alcançarem resultados que eu mesmo consegui no dia a dia em todas as áreas importantes da minha vida.

Não me limitei a escrever sobre o que eu acho que funciona. Passei nestas páginas exatamente o que foi validado e deu certo na minha realidade e na de uma porção de gente que plantou esforço e estudo e está colhendo sucesso pelas próprias realizações. Sejam mentorados, sejam empresários e artistas para quem abro as portas da minha casa, da minha sala na empresa, da minha vida, porque conquistaram minha admiração. Essas pessoas entendem a importância de recalcular a rota sempre que necessário.

Quem pratica aquilo que aprende nunca mais repete erros. Passa por uma mudança de discernimento, de mentalidade, que influencia suas ações.

Um dos poderes que você ganha quando se transforma é o de mudar os ambientes que frequenta. O que eu quero dizer com isso? Há pessoas que serão muito bem-vindas na sua mesa, e outras que deverão sair dela – e isso vai doer. Mesmo assim, não traga de volta quem Deus está tentando tirar da sua vida. Siga seu caminho. Simplesmente siga!

A partir de hoje você dispõe de um método do Kaká Diniz para ajudar a reverter qualquer desequilíbrio que ameace sua felicidade real. Agora que tem consciência de que é possível reorganizar seu tempo e sua energia, priorizando o que importa, eu só quero lembrar que está nas suas mãos implementar as mudanças necessárias para semear sucesso e plenitude.

Quem age tem força. Quem age certo tem direção. Mas quem age certo, na hora certa, muda o jogo.

Como todo mundo, você já encarou vários desafios. Enquanto estava no caminho de resolver, achou que não ia dar certo, que não havia saída, que sua história acabaria ali – mas não acabou. Depois que se superou, descobriu que era só mais um obstáculo e que precisava se reerguer logo, a fim de vencer o próximo. Altos e baixos existem na montanha-russa da vida, e nosso cinto de segurança é Deus. Desafios fazem parte. A maneira como você age em meio a dificuldades, isso, sim, vai determinar aonde chegará.

Acrescento um recado emblemático, que você não pode esquecer. Sabe como a gente faz para evitar muitos erros? Usar mais os ouvidos do que a boca; não proferir nada sobre ninguém para amaldiçoar. Se for algo que não vai gerar valor, destacar para quê? Fofoca, picuinha, falar mal de alguém... nada disso muda sua vida para um caminho melhor. O que muda é dizer "eu te amo" para alguém que merece ouvir, botar para fora aquilo que está entalado, declarar algo bom para sua família e para seus liderados.

O estado presente é uma nova oportunidade de desfrutar horas de qualidade com todos que querem o seu bem. Dedique tempo e atenção ao que agrega valor e lutará com vantagem pelos seus objetivos!

Repito: as 24 horas do seu dia são iguais às minhas, então não falta tempo. Falta prioridade. E, agora que você sabe disso, pode recalcular sua rota, assim como eu faço de tempos em tempos.

TODOS OS DIAS NÓS PODEMOS EVOLUIR

Nos capítulos iniciais contei que costumo me olhar no espelho e me perguntar quem estou vendo ("No Kaká de hoje estou vendo..."). Fiz isso hoje, inclusive, enquanto esperava a água do chuveiro esquentar. Com esse hábito, todos os dias recalculo alguma coisa. Avalio o que melhorar, aumentar ou diminuir na minha postura em relação à vida amorosa, familiar, financeira, profissional... Por exemplo, certo dia refleti que precisava cuidar um pouco mais do lado espiritual. Em outro, decidi que ia reduzir meu apego ao telefone. Monto um plano, com pequenas metas, para encontrar meu equilíbrio ideal.

Esse pode ser um exercício semanal, senão diário, para que você teste e calibre seu equilíbrio. Não existe o impossível para quem está determinado a atingir outro nível. Não existe. Nessas reflexões, risque os adjetivos pejorativos ou negativos da mente e profetize uma vida diferente. Aja, execute e viva os resultados daquilo que plantou, porque a colheita é obrigatória. Pare de se importar com o que os outros pensam, porque suas ações só precisam fazer sentido para *você*. O que faz com seu tempo não interessa a mais ninguém.

Onde e como você estaria hoje se ontem tivesse tomado decisões diferentes? E onde e como estará amanhã se tomar decisões melhores hoje? Lembre-se de fazer muitas vezes aquilo de que que não gosta, mas que dá resultado, e só depois o que gosta – porque saciar os desejos do mundo e da nossa carne o tempo todo faz com que você vá por um caminho que, eu acredito, não quer seguir. Mas, quando foca algo maior, começa a se posicionar para viver o propósito que Deus tem para sua vida. E se você é capaz de sonhar, também é capaz de realizar sonhos. É uma decisão.

Quando eu desenvolvo meus projetos – e com este livro não foi diferente –, peço a Deus que abençoe a sua vida grandiosamente e que profira pela minha boca e pelas minhas mãos somente aquilo que sai do coração Dele, a fim de acertar o seu. Que o Senhor possa descer sobre a sua mente e direcioná-la para seu novo caminho, de prosperidade sustentável, hoje e sempre!

Para finalizar o capítulo, responda a estas perguntas:

1. Você percebe que, até aqui, seu maior inimigo sempre foi a sua própria procrastinação e falta de execução?

____

____

____

____

2. De tudo que você aprendeu neste livro, qual foi o insight mais poderoso?

____

____

____

____

3. Que hábitos antigos precisam ser definitivamente deletados da sua vida para que o novo aconteça?

____

____

____

____

4. O que você entende que significa, de verdade, viver com equilíbrio, prosperidade e propósito?

____

____

____

5. Que pessoas, ambientes ou comportamentos você sente que precisam ser eliminados da sua mesa?

____

____

____

6. Se a vida oferecesse um botão para recalcular sua rota, qual seria a primeira mudança prática que você faria nas próximas 24 horas?

____

____

____

7. Você está disposto a se comprometer de verdade com essa nova rota, entendendo que não existe recomeço sem disciplina, fé e ação?

____

____

____

Anote: resultado... não se justifica, se constrói.

Reflita: agora que você sabe que o sucesso não é uma linha de chegada, e sim uma jornada contínua, já está construindo o seu?

TERMO DE COMPROMISSO COMIGO MESMO(A)

Eu, ____ (nome completo), declaro, de forma consciente e intencional, que assumo total responsabilidade pela minha vida, pelas escolhas que fiz até aqui e, principalmente, pelas decisões que tomarei a partir de agora.
Com este compromisso, eu reconheço que:

- NÃO FALTA TEMPO. O QUE FALTA É PRIORIDADE.
  Eu escolho priorizar o que me aproxima da vida que desejo.

- EU DECIDO DEFINIR CLARAMENTE AS MINHAS PRIORIDADES.
  Me comprometo a cuidar de todas as áreas: pessoal, amorosa, familiar, profissional, financeira, social, saúde/bem-estar e espiritualidade.

- EU ME PERMITO (RE)EQUILIBRAR MINHA VIDA.
  Sucesso com equilíbrio, amor, saúde e espiritual.

- EU ASSUMO O COMPROMISSO DE FORTALECER A MIM MESMO(A).
  Eu sou o(a) líder da minha própria vida.

- EU ME COMPROMETO A FORTALECER MINHA FAMÍLIA E MEU AMBIENTE.
  Conexões e ambientes me fortalecem.

- EU DECIDO FORTALECER MEUS NEGÓCIOS E MINHA PROSPERIDADE.
  Minha prosperidade transforma vidas ao meu redor.

- EU COLOCO DEUS NO CENTRO DA MINHA VIDA.
  Minha vida, meus negócios e minha família estão nas mãos de Deus.

- EU ESCOLHO ESCREVER UMA NOVA HISTÓRIA A PARTIR DE AGORA.
  Minha nova rota comeca HOJE.

Assinatura: ____
Data: ____ / ____ / ________

"O mundo pode até duvidar do que você fala, mas nunca poderá duvidar dos seus resultados."

Kaká Diniz

NÃO FALTA TEMPO.
FALTA PRIORIDADE.
E, AGORA QUE
VOCÊ SABE DISSO,
PODE RECALCULAR
SUA ROTA.

CONCLUSÃO

Sempre que escuto a música "Era uma vez" me bate uma nostalgia! É porque condiz muito com o que a gente pensa quando cresce. Meu filho, no auge de seus 10 anos, me disse no carro, enquanto eu o levava para jogar futebol, que queria ter nascido uns dois anos mais cedo, para ser logo adolescente. Contei a ele que o adulto costuma querer o contrário: voltar a ser criança, para poder se entregar às coisas simples, como o arranhão de uma brincadeira.

... É que a gente quer crescer / E quando cresce quer voltar do início / Porque um joelho ralado dói bem menos que um coração partido...[10]

Foi inevitável me lembrar desse trecho da letra e pensar um pouco sobre um tempo precioso da minha vida, o da infância. Quando colocava uma pipa no ar. Jogava bola no centro esportivo da cidade e bila, também conhecida como bola de gude, na minha rua de terra. Brincava de esconde-esconde com amigos. Nós vamos deixando

---

10 SMITH, K. **Era uma vez**. São Paulo: Midas Music, 2017. Disponível em: www.letras.mus.br/kell-smith/era-uma-vez. Acesso em: 18 abr. 2025.

tantas preocupações e obrigações nos consumirem ao longo do tempo que nos esquecemos das coisas simples que atravessam o tempo e são únicas na nossa história.

Tem dias que você acorda triste, desejando simplesmente estar no colo do seu pai ou da sua mãe. Tem dias que a única coisa que deseja é brincar com seus amigos, só que eles também cresceram, e aquele lugar onde brincavam nem existe mais. Às vezes, o que você mais quer é um banho quente, um bom lanche. Depois se deitar, dormir e no outro dia fazer tudo de novo.

Hoje, parece que o tempo bom foi aquele do início da vida. É que o joelho ralado dói bem menos que um coração partido. Às vezes, a decepção destrói por dentro. Dói sentir o coração ser moído por injustiça, ingratidão... Nesses momentos, dá uma vontade danada de ser criança de novo, para resolver tudo com um abraço, uma conversa, escolhendo ser vilão e super-herói no mesmo dia.

Era o tempo em que me apaixonava e desapaixonava de forma imediata; em que decidia me arriscar em um jogo, competir ou ficar em casa brincando de outra forma. Eu me lembro que tinha os bonecos do Comando em Ação, e fingia que eles estavam no meio de uma guerra (de brincadeira, com soldados de plástico). E, na batalha final, quem decidia qual lado seria vitorioso era eu.

Uma das coisas que eu faço é preservar um pedacinho daquilo que vivi na infância e me traz boas lembranças. Meu carro favorito na garagem é um Fusca 62, que comprei por me lembrar do primeiro carro que meu pai deu ao meu irmão. Eles usavam dois tambores de óleo lubrificante como bancos, imagine só! Outro xodó é tomar café no copinho americano, servido em uma garrafa Aladdin. Na nossa casa, como na de tantos brasileiros, aproveitávamos os copos de requeijão – e não era para mostrar simplicidade. O gosto é sem igual.

Dezembro e janeiro são meses de chuva no Ceará. E me remetem às minhas férias escolares, marcadas por muitas coisas boas. É por isso que geralmente eu fico entre os Estados Unidos e o Ceará com a família nesses meses. O copinho americano e a chuva me transportam para um tempo de qualidade, para dias maravilhosos que tive na casa dos meus pais. Como era bom esse tempo! Ele não volta, mas podemos tornar os atuais bons também.

... É só não permitir que a maldade do mundo te pareça normal / Pra não perder a magia de acreditar na felicidade real / E entender que ela mora no caminho e não no final...

O tempo é a única moeda que gastamos como se tivéssemos um saldo ilimitado, mas a grande verdade é que não sabemos quando nosso crédito acabará. Por isso, eu insisto: viva o extraordinário e aproveite cada segundo. Quando chega o sábado, sinta-se completamente apaixonado pelo seu sábado. O domingo vai chegar e depois a segunda-feira? Que sejam vividos da mesma forma, com paixão pelo presente e gratidão a Deus por estar vivo.

Sêneca, o sábio estoico, alertava que é preciso dominar o tempo, sabendo, entretanto, que é um domínio "temporário". Percebemos a importância dele quando sentimos sua ausência. Não espere o tempo com quem você ama acabar para decidir ser diferente. Uma família estruturada, um casamento inabalável, uma mente forte e equilibrada, prosperidade financeira, conexão espiritual... tudo isso está a seu alcance.

Nesta conclusão, é você quem decide qual tempo de qualidade vai dar a cada prioridade da sua vida. Abrace as pessoas que você ainda pode abraçar: seus pais, seus filhos, seus amigos, seus irmãos. Não tenha pressa, não queira que chegue logo amanhã e depois, porque quando você pede para o tempo passar mais rápido, está desejando que sua vida acabe mais rápido também. Então, seja inteligente e controle essa ansiedade, pois seu tempo merece ser muito bem aproveitado.

Faz bem se lembrar da sua infância – e até chorar, sentir essa dor de não poder mais voltar no tempo –, mas viva com energia o presente, extraindo do passado aquilo que foi positivo na sua vida. Aproveite o tempo que está novo em folha, sem desperdício. Chega de viver de forma mediana! Chega de viver onde você não quer! Chega de trabalhar com aquilo que você não sonhou! Chega de estar em uma condição de vida que não seja de abundância! Esse é meu conselho final a você.

Não deixe para fazer homenagens quando as pessoas partirem. Aproveite a companhia da sua mãe, do seu pai, se eles ainda estiverem por perto. Aproveite o ombro dos irmãos, o abraço dos amigos. Aproveite os beijos que sua família dá. Aproveite as oportunidades de ser e fazer melhor.

Tempo é presente de Deus.

Priorize suas horas, priorize-se, priorize encontrar motivos para agradecer e ser feliz.

Este livro foi impresso pela Edições Loyola em
papel lux cream 70 g/m² em agosto de 2025.